Anna Gamma

Ruhig im Sturm

Anna Gamma

Ruhig im Sturm

Zen-Weisheiten für Menschen, die Verantwortung tragen

Mit Kalligrafien von
Sanae Sakamoto

Kösel

Copyright © 2008 Kösel-Verlag, München,
in der Verlagsgruppe Random House GmbH
Druck und Bindung: Kösel, Krugzell
Umschlag: 2005 Werbung, München
Umschlagmotiv: Getty Images, München
Kalligrafien: www.sanae-sakamoto.ch
Fotos der Kalligrafien: Jost von Allmen, CH-3800 Unterseen/Interlaken
Printed in Germany
ISBN: 978-3-466-36787-0

www.koesel.de

Inhaltsverzeichnis

Vorwort

von Niklaus Brantschen und Pia Gyger

Um es gleich zu sagen: Wir sind stolz auf unsere ehemalige Zen-Schülerin.

Anna Gamma übersetzt alte östliche Weisheitslehren in eine Sprache des 21. Jahrhunderts. Sie zeigt auf, dass die Begegnung der verschiedenen Religionen und Kulturen bereichert und unsere eigene Identität stärkt. Damit plädiert sie für eine interkulturelle, interreligiöse Spiritualität. Zugleich ist es ihr gelungen – und hier kommt ihr ihre psychologische Kenntnis und Erfahrung zugute –, diese zukunftsweisende Spiritualität für Menschen zu erschließen, die Verantwortung tragen und auch in stürmischen Zeiten aus der inneren Ruhe entscheiden und handeln möchten. Für diese doppelte Übersetzungsarbeit danken wir der Autorin von Herzen. Sie ehrt damit unsere buddhistischen Lehrer (Yamada Roshi, Aitken Roshi und Glassman Roshi), denen die Umsetzung der großen Erkenntnisse des Zen-Buddhismus in den konkreten Alltag immer ein besonderes Anliegen war.

Anna Gamma, die nicht nur unsere Nachfolgerin in der Zen-Linie ist, lebt, was sie beschreibt. Sie hat im Lassalle-Institut, einem Institut für Zen, Ethik und Leadership, das wir beide gegründet haben, vor fünf Jahren die Leitung übernommen. Seither ist unsere ehemalige Schülerin unsere

Chefin. In dieser Funktion zeigt sie, ganz im Sinne des Zen, dass Rollen wie Kleider sind und gewechselt werden können. Sie zeigt auch, welch große Beweglichkeit aus einer weltoffenen Spiritualität erwächst.

Möge das Buch *Ruhig im Sturm* unsere Freude an anderen Kulturen und Weisheitstraditionen vertiefen und uns helfen, den komplexen Alltag kreativ zu gestalten.

Pia Gyger und Niklaus Brantschen

Einführung

Vor mehr als 30 Jahren kam ich zum ersten Mal in Berührung mit der Praxis und Philosophie des Zen. Seither hat mich dieser Weg nach innen nicht mehr losgelassen. Er ist mir lieb geworden wie das tägliche Brot.

In diesem Buch möchte ich mit Ihnen, liebe Leserinnen und Leser, Erkenntnisse teilen, die ich auf dem Weg des Zen gewonnen habe. Ich zögere nicht, diese Erkenntnisse Weisheit zu nennen, zumal wir nicht besonders gebildet sein müssen, um sie erfassen zu können. Sie wird kaum an Hochschulen und Universitäten gelehrt, vor allem jene nicht, die als Weisheit des »Nicht-Wissens«[1] durch eine intensive Zen-Praxis gewonnen werden kann. Die Übung des »Nicht-Wissens« bringt uns, jenseits von Theorie und Spekulation, unmittelbar mit dem Leben selbst in Berührung und sie hilft uns, das innere Tor zur universellen Liebe und umfassendem Mitgefühl aufzustoßen.

Meistens wird Weisheit mit einem hohen Lebensalter in Verbindung gebracht. Doch nicht alle alten Menschen sind weise. Weisheit kommt nämlich nicht von alleine wie die grauen Haare oder die Falten im Gesicht. Um weise zu werden, bedarf es der Bereitschaft, das Leben in seinen Höhen und Tiefen zu schmecken[2] und von den Erfahrungen – den Erfolgen und Fehlern – zu lernen. So werden jene Menschen weise genannt, die das Leben in all seinen Facetten kennen und darüber hinaus fähig sind, alles, was ihnen begegnet, zunächst einmal vorurteilslos anzunehmen. Sie lassen sich weder von den auf Hochglanz polierten Verheißungen der Werbeindustrie verführen noch schreckt sie Finsternis in Form von Gewalt und Grausamkeit ab, denn sie können das Licht auch noch dort erspähen, wo es nicht mehr erwartet wird. Ihr angstfreies Schauen ist verbunden mit einer mitfühlenden Kraft, die das im Dunkel verborgene Licht entdeckt und langsam zum Leuchten bringt. Weise Menschen vermögen in allen Bruchstücken des Lebens das Heile und Ganze wahrzunehmen. Darum suchen wir sie gerne auf, wenn wir in der Not feststecken. Manchmal kann schon allein das Zusammensein mit ihnen Leib und Seele guttun[3], ohne dass sie hilfreiche Ratschläge erteilen.

Vorbildliche Menschen – in diesem Buch sind es sechs herausragende Persönlichkeiten der Zen Tradition – regen uns an, der Weisheit im eigenen Lebensalltag auf die Spur zu kommen. Ausgangspunkt der jeweiligen Betrachtung sind Fallbeispiele. Es sind kürzere oder längere Geschichten, die als sogenannte Koan[4] ein Paradox enthalten, das sich dem rationalen Zugriff nicht erschließt, wohl aber einem radikal offenen Geist.

Die *erste Geschichte* fordert uns auf, den Klang einer weit entfernten Tempelglocke zu stoppen. Diese Aufgabe ist nur lösbar, wenn es gelingt, den kognitiv rationalen Verstand zur Ruhe kommen zu lassen und unser Herz, unseren Körper und Geist für die ursprüngliche Wirklichkeit aller Dinge zu öffnen. Dann erfahren wir uns verbunden mit dem Lebensstrom, der alles erhält und durchdringt.

Die Aufforderung in der *zweiten Geschichte*, unsere Reisschale zu waschen, regt an, nicht nachzulassen und täglich an der Persönlichkeitsentwicklung zu arbeiten. Es geht darum, den Diamanten zu schleifen, der wir in Wirklichkeit sind, oder, in einem anderen Bild, den Spiegel täglich rein zu halten. Indem wir Frieden mit uns selber finden, werden wir fähig, Versöhnung zu bewirken und auch dort Brücken zu schlagen, wo ein Zusammenkommen scheinbar nicht mehr möglich ist.

Das *dritte Fallbeispiel* – es handelt von Kot-Spatel –, nimmt einen Aspekt der Persönlichkeitsentwicklung nochmals auf und verdichtet das Thema der Schattenarbeit. Wer kennt nicht Lebensphasen, in denen innere Verstrickungen Beziehungen belasten und quälende innere Gespräche Kreativität, Freude am Leben und Lust an der Arbeit binden. Die zentrale Botschaft des dritten Beispiels heißt: In jedem Menschen west ein unverletzter, reiner Kern.

Das *vierte Fallbeispiel* konfrontiert uns mit der täglichen Praxis eines Zen-Meisters. Er weist einen Weg zum meisterlich geführten Leben. Diese Kunst gelingt jedoch nicht von allein. Sie wird erst durch tägliches Üben erworben. Eine wesentliche Voraussetzung dazu ist das bewusste »Ja« zum eigenen Leben und dies jeden Tag neu.

In der *fünften Geschichte* begegnen wir verschiedenen inspirierenden Gestalten. Eine von ihnen lebt im All-Eins-Sein. Ihre Heimat ist die Weite und Unendlichkeit des Universums. Die andere vorbildliche Gestalt stellt das Wohl der Menschen und aller Geschöpfe über die eigenen persönlichen Interessen. Je mehr Menschen sich die Verwirklichung dieses Ideals zum Ziel setzen, umso realistischer wird die Hoffnung auf das Überleben der Menschheit.

Im *sechsten Text* schließlich, in dem wir aufgefordert werden, von der Spitze einer Stange vorwärtszugehen, wird ein Grundbedürfnis des Menschen angesprochen, nämlich zu wachsen, sich auszudehnen, weiterzugehen und Grenzen zu überschreiten. Das bedeutet immer wieder auch

Abschied nehmen und loslassen. Menschen, die sich für ein lebenslanges Lernen entschieden haben, verändern und wandeln sich. Diese Lebenseinstellung fördert die Kunst, das eigene Leben zu meistern.

Bekanntlich ist der Zen-Weg kein Sonntagsspaziergang. Es braucht viel, bis ein Mensch lebt, was er erlebt hat. Deshalb biete ich nach jedem Kapitel einfache Übungen an oder stelle Fragen, die uns anregen und unterstützen, unser Leben weise und achtsam zu führen. Diese Impulse möchten zudem den inneren Reichtum erfahrbar machen.

Menschen, die Verantwortung tragen. So lautet der Untertitel dieses Buches. Angesprochen sind nicht nur Menschen in machtvollen Positionen wie Direktoren, Verwaltungsräte, Präsidenten, CEOs. Dies wäre ein viel zu kurz gefasstes Verständnis, denn alle tragen Verantwortung, ob sie wollen oder nicht. Bewusst und entschieden bejahen allerdings nur jene Menschen Verantwortung, die bereit sind, eine Führungsaufgabe zu übernehmen. Dabei muss nicht eigens betont werden, dass die wichtigste und zentralste Leitungsaufgabe unser eigenes Leben betrifft: Die Kunst des Führens beginnt bei uns selbst.

Dieses Buch verdankt manchen vieles. Viele Jahre habe ich meine Zen-Lehrer Niklaus Brantschen und Pia Gyger über Fallbeispiele, die im Zentrum dieser Schrift stehen, sprechen gehört. Verschiedene Themen und Gedanken in diesem Buch gehen auf sie zurück. Es sind Ideen und Impulse, die mich in meinem Leben begleitet haben und begleiten, auch jetzt, da ich selber Zen in Kursen vermittle. Pater Hugo E. Lassalle und die Roshis Robert Aitken, Bernie Glassman und Joan Halifax, deren Unterweisung ich über kurze oder längere Zeit folgen durfte, haben mich ebenso inspiriert wie Yamada Roshis Kommentare zu den ausgewählten Texten.

Allen, die mir bei der Entstehung des Buches behilflich waren, danke ich von Herzen. Namentlich nennen möchte ich den Verlagsleiter, Winfried Nonhoff, und die Lektorin, Michaela Breit. Ein spezieller Dank gilt Niklaus Brantschen. Mit ihm konnte ich den Inhalt besprechen und auf seine Stilsicherheit durfte ich mich einmal mehr verlassen.

Schließlich gilt mein Dank Sanae Sakamoto. Ihre kunstvollen Kalligrafien eröffnen einen besonderen Zugang zur Botschaft der alten Zen-Texte.

Möge dieses Buch allen, die es in die Hand nehmen und, wie ich hoffe, achtsam lesen, Mut machen, das Abenteuer des Lebens im Dienste der anderen und zum eigenen Wohle zu wagen.

Anna Gamma
Lassalle-Institut, Neujahr 2008

»Stoppe den Klang
der fernen Tempelglocke«

Oder:

Im Einklang mit sich
und dem Universum

Das Koan

»Stoppe den Klang der fernen Tempelglocke«

verdanken wir Hakuin Zenji.

Hakuin Zenji – Landesmeister Japans

Hakuin Zenji wirkte im 18. Jahrhundert und gilt als eine der bedeutendsten Gestalten des japanischen Zen. Seine besondere Leistung lag darin, eine vom Aussterben bedrohte spirituelle Tradition wiederzubeleben, indem er sie grundlegend und radikal reformierte. Zu seiner Zeit stand die rein intellektuelle Beschäftigung mit alten Zen-Texten im Zentrum des Interesses. In seiner Kritik an den bestehenden Missständen hielt Hakuin nicht mit ironischen, bissigen Worten zurück. Hören wir ihn selbst:

> *Wir werden mit ansehen müssen, wie all die bedauernswerten Mitglieder der jüngeren Generation – Leute von überragender Begabung ... halb toten alten Trotteln hinterherlatschen, mit teilnahmslosen greisen Großmüttern im Schatten herumsitzen, mit dem Kopf wackeln und mit geschlossenen Augen endlose Litaneien intonieren ...*
>
> *Wo lassen sich die Kinder finden, die fähig wären, den lebendigen Herzschlag der Buddha-Weisheit weiterzugeben? Wer soll dann noch zu einem Baum werden, der kühlen, erfrischenden Schatten spendet und so den Menschen späterer Zeiten einen Ort der Zuflucht bietet?[5]*

Bereits in jungen Jahren zum Priester geweiht, pilgerte Hakuin zunächst von Tempel zu Tempel auf der Suche nach einem vertrauenswürdigen Lehrer. Obwohl er diesen auch fand, zog er bereits nach einigen Monaten ruhelos weiter. In seinen frühen Dreißigerjahren kehrte er dann in den einfachen Zen-Tempel seiner Priesterweihe zurück, wo er von da an bis zu seinem Lebensende lehrte. Nach und nach entwickelte sich der kleine

Landtempel zu einem spirituellen Zentrum, in dem nicht mehr das Studium der Literatur, sondern die intensive Praxis des Zen im Mittelpunkt stand.

In seinen Vorträgen unterstrich Hakuin denn auch die Wichtigkeit von Zazen und die Arbeit mit Koans. Doch dies allein genügte ihm nicht. Die Reife der Erfahrung sollte sich darin zeigen, beide Aspekte des Lebens, den meditativen und aktiven, in Einklang miteinander zu bringen. Dazu gehörte auch Gutes zu tun und anderen zu helfen, selbst den Zugang zu ihrem Wesenskern – dem Grund allen Seins – zu finden.

Die letzten Lebensjahrzehnte widmete Hakuin ganz der Umsetzung des Reformprogramms. Seine herausragende Stellung im japanischen Zen wird durch die Ehrentitel bezeugt, die er nach seinem Tode erhielt: Zenji, großer Zen-Meister, und Kohushi, Landesmeister – ein Titel, der übrigens nach Hakuin an niemanden mehr vergeben wurde.

Die großen Drei

Hakuin zeichnete sich auch als Schriftsteller, Maler und Kalligraf aus. Er muss zudem ein ausgezeichneter Pädagoge gewesen sein. So beschreibt er drei wesentliche Voraussetzungen für die Übung des Zazen: den großen Glauben, den großen Zweifel und die große Entschlossenheit. Fast möchte man meinen, Hakuin hätte eine Ausbildung zum modernen Projektmanagement genossen. Kleine und große Projekte, berufliche wie private werden insbesondere dann erfolgreich zu Ende geführt, wenn

- ᔐ am Anfang eine möglichst klare Vorstellung des Endergebnisses vorliegt: GROSSER GLAUBE

- alle möglichen Hindernisse und Krisenszenarien im Projektplan berücksichtigt werden: GROSSER ZWEIFEL
- alle Beteiligten mit Entschiedenheit sich der Realisierung des Projektes widmen: GROSSE ENTSCHLOSSENHEIT.

Selbstverständlich hat Hakuin keine Managementausbildung absolviert. Seine Erkenntnisse verdankt er der eigenen Erfahrung, erwachsen im unmittelbaren Kontakt mit dem Leben sowie der Begleitung von Menschen, die sich ernsthaft den zentralen Fragen des Lebens stellten. Dementsprechend deutet er die drei Bedingungen wie folgt:

Der GROSSE GLAUBE setzt voraus, dass wir daran glauben oder bereits zumindestens ein Gespür dafür haben, dass alles, was existiert – Menschen, Tier, Pflanze, Erde und Universum –, von Anfang an vollkommen ist. »Glaube« meint also nicht ein »Für-wahr-halten«, sondern eine tiefe Überzeugung, dass der Wesenskern nicht verschmutzt, verletzt oder verunreinigt werden kann. Alles, was existiert, ist in seiner Vielfalt geeint und im Wesen makellos. Dies zu erfahren ist ein großes Geschenk. Innerer Reichtum offenbart sich, ein Reichtum, über den wir nicht verfügen können, obwohl er immer unmittelbar zur Verfügung steht.

Der GROSSE ZWEIFEL hat nichts mit Zynismus oder Sarkasmus zu tun. Er lässt uns vielmehr den tiefen Glauben hinterfragen: Warum erscheint uns die Welt so unvollkommen? Warum sind wir voller Angst, Gier und Leiden, wenn die Welt doch im Letzten vollkommen ist? Wer bin ich? Welchen Sinn hat das Leben? Warum bin ich überhaupt hier? Warum mache ich diesen Job? Diese Fragen können, begleitet von einer gewissen Form der Bestürzung, nagend und quälend sein.

Die GROSSE ENTSCHLOSSENHEIT ist nicht gleichzusetzen mit dem brachialen Vorsatz: »Da gehe ich durch, koste es, was es wolle!« Diese Entschlossenheit besteht in der bewussten Entscheidung, die von einer inneren Kraft getragen ist, in Einklang mit sich selbst und dem Universum zu kommen. Bis diese Ausrichtung zu einer Grundhaltung im Alltag wird und auch bleibt, ist sie täglich einzuüben. Mit der Zeit nehmen die Zweifel ab und das Vertrauen wächst, dass das makellose, unwandelbare Vollkommensein in sich selbst entdeckt und erlebt werden kann.

Wirklich hören

Hakuin erlebte seine erste Zen-Erfahrung in einer Nacht des intensiven Übens, beim Klang einer weit entfernten Glocke. So mag es nicht erstaunen, dass die Aufforderung »Stoppe den Klang der weit entfernten Tempelglocke« zum wichtigsten Koan wurde, das er seinen Schülern gab. Es gehört auch heute noch zu den ersten Aufgaben, die Zen-Übende erhalten. Viele »arbeiten« über mehrere Wochen daran und durchlaufen abwechselnd Phasen von Zweifel und Entschlossenheit. In eindrücklicher Weise beschreibt Lies Groening ihr Ringen mit diesem Koan. Sie war eine der ersten Frauen, die im letzten Jahrhundert als Laie in einem Zen-Kloster in Japan Aufnahme fand.

Hatte ich jemals den Klang einer Glocke wirklich gehört? Unmittelbar, mit der Offenheit meines Wesens? Einer Offenheit, in der es weder Vorstellungen noch Gefühle, weder Verstand noch Wissen gab, sondern nur Realität? Hatte ich den Klang der Glocke so gehört, dass ich mit dem Klang eins werden konnte? Konnte ich die Gewichte, an denen ich trug, von mir abschütteln, konnte ich aus den Abstraktionen des Verstandes herausfinden in die Offenheit des Lebens, in eine Leere, in der jede Lebensäußerung zu einem schöpferischen Impuls wird? ... Unsagbar dämmerte in mir ein Begreifen herauf, was es mit diesem Einswerden auf sich hat. Die Totalität des Lebens. Eine Totalität, die nur im Einswerden mit dem Ursprung in sich selbst Wirklichkeit werden kann.

Und ein paar Tage später:

Ich übte im Liegen weiter. Kurz vor dem Einschlafen, es war still im Hause und auch draußen, fiel in der Umgebung des Hauses ein Gegenstand mit Getöse zu Boden. Dieses Geräusch fiel in mich hinein, fiel in eine Offenheit, die nichts war als Offenheit, in deren Tiefe es leuchtete. Dahinter die unermessliche Tiefe des Weltenraumes. Es gab nur dieses eine, den hallenden Ton in der unermesslichen Tiefe der Welt.[6]

Dieser Erfahrungsbericht zeigt wunderbar auf, wie ein Koan die Spaltung zwischen Subjekt und Objekt, die in der heutigen Zeit vorherrschend ist und uns viele Probleme schafft, aufbricht und auflöst. Es öffnet den Bewusstseinsraum des menschlichen Geistes, wo Einheit erlebt wird mit allem, was ist. Der Klang der Glocke und die Person, die hört, verschmelzen –

werden eins. Die Abgrenzung zwischen »innen« und »außen«, zwischen »ich« und »du« wird aufgehoben in einen unendlich weiten Raum. Die Ränder des hautverkapselten, egozentrischen Ichs[7] lösen sich auf. Eine Kraft wird erfahrbar, die ohne Anfang und Ende alles durchwirkt.

Einen neuen Zugang zum bekannten Koan von Hakuin (und zu anderen Koan) eröffnen übrigens moderne Physiker. Nuklearphysiker entdeckten in der Erforschung des unendlich Kleinen, dass Subjekt und Objekt auf geheimnisvolle Weise miteinander verbunden sind. So schreibt etwa Bruno Binggeli:

Subjekt (Beobachter) und Objekt (Gegenstand) sind in fundamentaler Weise miteinander verknüpft ... Erst durch die Beobachtung bzw. den Messvorgang, also durch den Eingriff des Subjekts, wird das System (Objekt) in einen der vorher nur möglichen Zustände »gedrückt« und dadurch (aber nur in der gemessenen Größe) bestimmt. In einem gewissen Sinne wird es durch die Beobachtung erst realisiert.[8]

Exkurs: Vom archaischen zum integralen Bewusstsein

Groening beschreibt den Bewusstseinszustand des Einsseins mit dem Ursprung als Totalität des Lebens, der mit dem mentalen, dualistischen Denken nicht erfasst werden kann. Es ist jedoch ein legitimes Bedürfnis, diese Einheitserfahrung zu verstehen und als menschliche Erkenntnisweise irgendwie einzuordnen. Die Arbeit von Jean Gebser bietet dazu eine hilf-

22

reiche Systematik. Sein Anliegen war, die heutige Zeit vor dem Hintergrund der gesamten Menschheitsgeschichte zu sehen und zu deuten. In jahrelanger Forschungsarbeit versuchte er die kulturellen Zeugnisse – von den ersten Menschen bis heute – als Ausdruck eines bestimmten Selbstverständnisses und eines entsprechenden Weltbildes zu ordnen. Die Ergebnisse stellte er in seinem Lebenswerk *Ursprung und Gegenwart* 1949 erstmals vor. Er kam zum Schluss, dass die Entwicklung der Menschheit in vier Bewusstseinsphasen stattgefunden hat, nämlich der archaischen, magischen, mythischen und mentalen. Nach Gebser zeigt sich seit der Mitte des 20. Jahrhunderts der Übergang zu einer fünften Phase, die er als arational-integrale Phase bezeichnet. Es mag erstaunen oder vielleicht eben auch nicht:

Entwicklungspsychologen erkennen grosse Parallelen in der Entwicklung des Bewusstseins vom Säugling zum Erwachsenen mit den von Gebser systematisierten Bewusstseinsstufen der Menschheit.

Im Folgenden fasse ich Gebsers Forschungsergebnisse zusammen:

Am Ursprung liegt die **ARCHAISCHE STRUKTUR**. Dieses Bewusstsein ist uns am wenigsten bekannt, da es keine Zeitzeugnisse gibt. »Sie ist dem biblischen paradiesischen Urzustand am nächsten, wenn nicht dieser selbst. Es ist die Zeit, da die Seele noch schläft, und so ist sie die traumlose Zeit und die der gänzlichen Ununterschiedenheit von Mensch und All.«[9] Der Mensch dieser Zeit war raumlos, zeitlos und ichlos. In der heutigen Zeit kann unter anderem durch die Praxis des Zen die Erfahrung der Ganzheit, der Einheit und Leere gemacht werden. Für den archaischen Menschen war diese Welterfahrung selbstverständliches Tagesbewusstsein.

In der **MAGISCHEN STRUKTUR** wird der Mensch aus seiner Identität mit dem Ganzen herausgelöst. Die Welt wird zum schemenhaften Gegenüber und dadurch auch zum ersten Mal bedrohlich. Alles ist lebendig und voller Energie. Der Mensch versucht die Übermacht der Natur zu bannen und zu lenken. Rituale werden entwickelt. Macht kommt ins Spiel. In dieser Phase wird der Mensch zum magischen Macher. Die Natur, die Umwelt und die anderen müssen beherrscht werden, damit der Mensch nicht von ihnen beherrscht werde.

Das Gesellschaftsleben spielt sich im Clan, der Sippe oder dem Stamm ab. Magier, Schamanen und Medizinmänner nehmen in diesen Gruppen eine herausragende Position ein. Sie sind als Wanderer zwischen den Welten mit den Naturelementen vertraut. Wissend und fähig, sich zu erinnern, verstehen sie die Geheimnisse von Geburt, Leben und Tod.

In der **MYTHISCHEN BEWUSSTSEINSSTRUKTUR** wird der Mensch sich seiner Seele, d.h. seiner Innenwelt bewusst. Er lebt nicht mehr länger nur in der Welt der Natur, sondern entwickelt die Welt der Kultur – die Sprache ist ihr Träger. Die zweidimensionale Polarität – der zentrale Erlebnismodus dieser Phase – findet ihren Ausdruck unter anderem in der Scheidung von innen und außen, hell und dunkel, von dem von Göttern bewohnten Himmel und der Heimat der Menschen, der Erde. Mythologien und Symbole werden entfaltet. Waren die Menschen der magischen Struktur Jäger, so werden sie jetzt sesshaft. Planvolle Tätigkeiten und in der Folge die getaktete, messbare Zeit beginnen das Leben der Menschen zu bestimmen. Der erfolgreiche Ackerbau führt zum Warenaustausch und macht die Erfindung des Geldes notwendig. Der Überschuss ermöglicht wiederum, Menschen für besondere Aufgaben freizustellen. Es entstehen spezialisierte Klassen wie Priester, Verwalter, Lehrer und Handwerker. Die soziale Organisationsform in dieser Epoche sind Dynastien und Theokratien, in deren Mittelpunkt die Priester- und Kriegerkönige stehen. Die Stadtstaaten mit den gebildeten Bürgern im Zentrum werden zur Wiege der heutigen Demokratien.

Die Entwicklung der richtenden Gesetzgebung ist ein Schritt im Übergang zur *mentalen Phase*. Dank diesem Bewusstsein gewinnt der Mensch an weiterer Freiheit. Nicht mehr Naturmächte oder Götter bestimmen das Geschehen. Seine Handlungen beschreibt er nun in einem kausalen, logisch nachvollziehbaren Ablauf und ausgerichtet auf ein Ziel. Durch die mentale Aufspaltung wird die Polarität zur Dualität umgeformt. Das Gegenüber wird nicht mehr als Ergänzung erfahren, sondern getrennt und fremd. Und damit wächst das Angstpotenzial. Isolation und Entfremdung gehören zu den Schattenseiten dieser Epoche. Als positive Entwicklung zeigt sich die wachsende Bedeutung der Demokratie als bestimmende Struktur und Organisationsform menschlicher Gemeinschaft. Im Zuge dessen werden die Menschenrechte als allgemeingültig erklärt. Im Zentrum steht nun der selbstbewusste, stimm- und wahlfähige Bürger. Die Macht gehört zum ersten Mal dem Volk.

Galt in der mythischen Phase die Gleichwertung von Seele und Leben, so wird von nun an Denken und Sein gleichgesetzt. Abstraktionen und Quantifizierungen, Resultate des messenden Denkens werden zu wesentlichen Entscheidungsgrundlagen. Der technologische Fortschritt eröffnet unglaubliche Freiräume und Wohlstand – mindestens in unserem Kulturraum –, begründet gleichzeitig aber auch das Zeitalter der Weltkriege.

Der Übergang von einer Phase in die andere war bisher gekennzeichnet von heftigen, teils auch grausamen Kämpfen zwischen altem und neuem Weltbild. Am Ende siegte das neue Bewusstsein, während das alte entwertet, tabuisiert und schlussendlich abgespalten wurde. Heute sind die typischen Merkmale des Kampfes zwischen den beiden *Bewusstseinsstrukturen mental und integral* erkennbar. Neu wird sich jedoch die Endphase im Übergang von der vorherrschend mentalen Welterfassung zum integralen Erkennen und Gestalten zeigen. Und dies kann uns zuversichtlich stimmen. Die Weiterentwicklung wird nicht in der überheblichen Abwertung des Vorherigen erreicht, sondern im Ehren der Vergangenheit. Der Mensch mit integralem Bewusstsein nimmt alle vorhergehenden Strukturen auf und dazu gehört eben auch die mentale Phase. Diese umfassende, ganzheitliche Integration kann nicht ohne die Rückkehr zum Ursprung gelingen. Das ist das wirklich Neue.

Eine radikale Forschungsreise nach innen ist also angesagt: Im archaischen Bewusstsein erwacht, erfährt sich der Mensch eins mit dem All. Wird das magische Bewusstsein lebendig, so weiß er um die Macht der vitalen Energien und Kräfte. Er realisiert, dass es unerlässlich ist, sich selbst zu meistern. Das aktivierte mythische Bewusstsein befähigt, alle Polarität, insbesondere das Dunkle – auch in sich – zu erkennen und zu versöhnen, während das integrierte mentale Bewusstsein den Menschen stärkt und ermächtigt, in Freiheit und kraftvollem Selbstbewusstsein ganz selbstverständlich Verantwortung zu übernehmen – im Kleinen wie im Großen. Erwacht der Mensch im integralen Bewusstsein, so erkennt er sich selbstbewusst im Allbewusstsein. Stress und Hektik gehören der Vergangenheit an, denn er steht zeitfrei in der Zeit und vermag alle Polarität zu transzendieren.

In der Entfaltung des integralen Bewusstseins sind verheißungsvolle Spuren[10] zu finden, die in eine ähnliche Richtung weisen wie die Lebensweisheiten der großen Zen-Gestalten, wie Hakuin einer war. Sie fordern heraus, aus der Erfahrung der Einheit aller Wirklichkeit das persönliche Leben, den Familien- und Arbeitsalltag zu gestalten und Verantwortung mitzutragen für die Weiterentwicklung von Menschheit und Erde.

Im Einklang mit sich und der Welt

Die erste einfache Übung sensibilisiert für Erfahrungen der tiefen Verbundenheit im eigenen Leben.

Erinnern Sie sich an ein Erlebnis, eine Situation, in der Sie sich als individuelle, einmalige Person wahrgenommen haben und gleichzeitig verbunden wussten mit anderen Menschen, Pflanzen, Tieren, der Erde oder dem Universum.

- ❧ **Vergegenwärtigen Sie die mit dieser Erfahrung verbundenen Gefühle und Gedanken.**
- ❧ **Wie nehmen Sie sich und Ihren Körper wahr?**

Folgende Übung stärkt die innere Sicherheit und eröffnet den Zugang zur Dimension in uns, in der wir unverletzbar und gleichzeitig fähig zu tiefer und tragender Verbundenheit mit Menschen sind – auch und gerade in Konfliktsituationen.

Halten Sie einen Moment inne. Sprechen Sie die Worte: »ICH BIN ICH« in sich hinein. Lassen Sie die Worte in sich nachklingen.

- ❧ **Spüren Sie, wie Zentriertheit und Kraft in Ihnen lebendig wird?**
- ❧ **Wenn sich diese Erfahrung stabilisiert, richten Sie Ihre Aufmerksamkeit auf Ihr Herz. Erlauben Sie ihm, dass es sich öffnet und weitet.**

Übungen

❧ Gehen Sie in diesem Zustand in die Begegnung mit Ihren Nächsten. Nehmen Sie wahr, wie Zuneigung ganz natürlich fließt. Vielleicht ist es Ihnen möglich, die andere Person als vom gleichen Wesen wie Sie selbst zu empfinden.

Diese Übung eignet sich besonders gut zur Einstimmung in den Tag. Mit der Zeit wird sie zur guten Gewohnheit und kann dann auch in Spannungs- und Konfliktsituationen klärend und versöhnend wirken.

Die letzte Übung bringt uns im Sinne des Koans von Hakuin in Verbindung mit dem Sinn des Hörens, der uns öffnet für die eigene Tiefe und so zum Tor wird für unsere Seele.

Setzen Sie sich bewusst hin. Nehmen Sie Kontakt auf mit dem Boden. Spüren Sie das Aufgerichtet-Sein in der Wirbelsäule.
❧ Atmen Sie fünf Atemzüge bewusst ein und aus. Zählen Sie die Ausatmung. Durch Wiederholungen erfahren Sie, dass sich der Körper entspannt und der Geist ruhiger wird.
❧ Erlauben Sie sich nun, Ihre Aufmerksamkeit auf das Hören zu lenken. Nehmen Sie die Geräusche um sich herum wahr.
❧ Bewerten Sie nicht und machen Sie auch keine Geschichte aus den verschiedenen Tönen. Seien Sie einfach da, ganz Ohr.
❧ Nehmen Sie danach Ihre Aktivität wieder auf.

Ein Unternehmer regte in einem Seminar an, den Klang der eigenen Institution zu hören. Vielleicht versuchen Sie dies auch einmal!

29

»Wasche deine Essschalen«

Oder:

Führen beginnt
mit Selbstführung

Ein Mönch fragte Joshu in allem Ernst:

»Gerade bin ich erst in dieses Kloster eingetreten.

Ich ersuche Euch, Meister, gebt mir bitte Unterweisung!«

Joshu fragte: »Hast du schon deinen Reisbrei gegessen?«

Der Mönch antwortete: »Ja, das habe ich.«

Joshu sagte: »Dann wasche deine Essschalen.«

Da erlangte der Mönch eine gewisse Erfahrung.

Joshus Mund und Lippen-Zen

In dieser Geschichte begegnet uns Joshu, einer der größten und berühmtesten Meister im alten China. Er lebte im 9. Jahrhundert, im goldenen Zeitalter des Zen. Joshus Biografie ist beispielhaft für die Lebensschule im Zen: Schon als Knabe trat er in einen buddhistischen Tempel ein, wo er früh zur großen Erfahrung kam, die im Zen *Erleuchtung* genannt wird. Die Einsicht in den Ursprung unseres Wesens und aller Dinge steht als Meilenstein am Anfang eines langen Weges. Es folgt ein längerer Übungsprozess mit dem Ziel, die Erleuchtungserfahrung in die alltägliche Lebenspraxis umzusetzen. Joshu praktizierte Zazen noch 40 Jahre bei seinem hervorragenden Lehrer Nansen. Nach dessen Tod ging er auf Wanderschaft von Kloster zu Kloster, von Lehrer zu Lehrer, um weitere gute Meister aufzusuchen. Erst mit 80 Jahren ließ er sich in einem kleinen, in schlechtem Zustand stehenden Zen-Kloster in Joshu nieder, einem Ort im Norden Chinas. Dort begann er Schüler um sich zu sammeln und auszubilden, bis er – so wird berichtet – im Alter von 120 Jahren starb.

Zu Joshus Zeit war China vom Zerfall der Tang-Dynastie erschüttert. Immer mehr übernahmen regionale Gouverneure die Macht, die sich in vielen Kriegen gegenseitig bekämpften. Unruhen und eine Buddhistenverfolgung führten dazu, dass seine Schule bald keine Schüler mehr hatte. Trotzdem bleibt Joshu als Lehrer wie ein leuchtender Stern am Himmel. In zwei Koan-Sammlungen (Mumonkan *Die torlose Schranke* und Hekiganroku *Niederschrift der blaugrünen Felswand*, siehe Literatur S. 126) sind Geschichten und Gespräche Joshus mit seinen Schülern aufgenommen worden. Das wohl berühmteste ist das sogenannte Eintritts-Koan MU, mit dem ungezählte Zen-Praktizierende zu einer ersten Zen-Erfahrung gelangten.

Joshu hatte eine besondere Art, seine Schüler zu unterweisen. Es wird das »Mund- und Lippen-Zen« genannt. Im Gegensatz zu vielen anderen Meistern, die lautstark und zeitweise auch mit einem Stock ihre Schüler anspornten, gab er seine Belehrungen mit einer leisen, flüsternden Stimme. Die eingangs zitierte Geschichte ist ein gutes Beispiel für seine kurzen, knappen und einfachen Antworten auf Fragen seiner Schüler. Sie zeigt ebenso die machtvolle Kraft, die in seinen Worten lag. Es wird erzählt, dass von seinen Lippen Licht ausströmte.

Reisschale und Reisbrei

Um obige Geschichte tiefer zu verstehen, ist die Bedeutung der Reisschale im Kontext des Zen wichtig. Bei der Ordination der Zen-Mönche und -Nonnen erhalten sie von ihrem Meister eine Reisschale. Dieser Brauch reicht weit zurück. In der Tradition wurde festgeschrieben, dass Nonnen und Mönche nicht für ihren eigenen Lebensunterhalt sorgen konnten. Beim Eintritt in diese asketische Lebensform erhielten sie eine Reisschale zum Zeichen, im Vertrauen zu leben und sich nicht von Sorgen plagen zu lassen. Die Schale werde zum richtigen Zeitpunkt gefüllt sein.

In Zen-Klöstern wird noch heute in intensiven Zen-Übungsperioden ein bestimmtes Essensritual mit Reisschalen praktiziert. Der Vollzug dieses Rituals – vom Aufdecken der Schalen bis zum Essen und Abwaschen – erfordert eine gewisse Übung. Nach und nach ergibt sich jedoch ein harmonischer Ablauf. Das gesammelte, konzentrierte Tun ist eine Weise, Zen im Alltag zu realisieren.

Stellen wir uns nun die Situation in diesem Fallbeispiel ganz konkret vor. In manchen Kommentaren[11] werden die Übenden eingeladen, noch einen Schritt weiterzugehen, nämlich die Schuhe des Mönchs anzuziehen und in der Identifikation mit ihm ganz in die Geschichte einzutauchen. Wem dies gelänge, werde eine lebendige Begegnung von Angesicht zu Angesicht, von Wesen zu Wesen mit Meister Joshu geschenkt. Nun aber zur Geschichte selbst:

Ein Mönch, vor Kurzem im Kloster angekommen, bittet im Gespräch um Unterweisung. Anstelle einer geistvollen Erklärung oder längeren Lehrrede stellt der Meister selbst eine Frage an den Bittsteller: »Hast du schon deinen Reisbrei gegessen?« Da Reisbrei Teil des traditionellen Frühstücks in asiatischen Klöstern war, gehört Joshus Frage offensichtlich nicht in die Kategorie des freundlichen Gastgebers, der wissen möchte, ob sein Besucher erholsam geschlafen und gut gefrühstückt habe. Aus der Perspektive des Zen zielt die Frage direkt auf das Wesentliche. Joshu möchte vom Mönch wissen, ob er eine gewisse Erfahrung durch seine Zen-Übung gemacht hat, eine Erfahrung, die ihn in die innerste Mitte seines Selbst führte, das so weit und leer ist wie das Universum.

Eins ist alles – alles ist eins

Yamada Roshi schreibt in seinem Kommentar:

»In der Wesenswelt herrscht die Logik des Absoluten. Das bedeutet: Ein Ding ist das Ganze – das Ganze ist ein Ding. Wenn ihr diese Wesenswelt erfahrt, werdet ihr verstehen, dass ihr und das ganze Universum eins seid.« [12]

Und wiederum lassen sich Parallelen zu Erkenntnissen von Physikern finden. Brian Swimme schreibt in der Reflektion über Albert Einstein:

»Mich interessiert Einstein als eine Art Bild oder Offenbarung dessen, was es heißt zu sagen: Unser Leben sei gleichzeitig das eigene normale Leben und die zentrale Kreativität des sich weiterentwickelnden Universums.« [13]

Was nun das Gespräch in unserem Fallbeispiel betrifft, so erkundigt sich Joshu mit der Frage: »Hast du deinen Reisbrei gegessen?«, nach dem Geisteszustand des Mönchs. Er prüft, ob dieser in die Dimension der Erkenntnis der Einheit von allem, was ist, vorgestoßen ist. Bemerkenswert ist wiederum Joshus Reaktion auf die bejahende Antwort des Mönchs. Es folgt kein Lob oder sonst eine anerkennende Bemerkung. Joshu erwidert in klaren, kraftvollen Worten mit einem einfachen Befehl: »Wasche deine Reisschale!« Diese Worte lösen eine tiefe Erschütterung aus. In der unmittelbaren Begegnung mit Joshu öffnet sich das torlose Tor in das archaische All-Bewusstsein, in die Erfahrung des Einsseins.

Die Frage bleibt: Warum wählte der Meister für diesen Prozess so alltägliche Dinge wie essen und abwaschen? Und wozu forderte er den Mönch auf, wenn er ihm sagte, er solle die Essschalen waschen? Anders gefragt: Was hat Abwaschen mit Erleuchtung zu tun? Aus der Sicht des Zen ergeben sich zwei Aspekte. Einerseits geht es um die Erfahrung der Einheit mit dem Universum und anderseits um die Erkenntnis, dass sich das Universum in jeder unserer Aktivitäten manifestiert. Yamada Roshi sagt es so:

»Wenn du aufstehst, stehst du einfach auf. Im ganzen Universum gibt es nichts als dieses Aufstehen ... Unser Leben ist nichts anderes als die Kontinuität solcher Handlungen, und diese sind nichts anderes als die Kontinuität des ganzen Universums.«

Diese Zen-Einsicht wird durch die neue Physik gestützt. So formuliert etwa Brian Swimme:

»Wir haben ein omnizentrisches, sich langsam entwickelndes Universum entdeckt, eine sich entwickelnde Wirklichkeit, die von Anfang an sich selbst zum Mittelpunkt hat, und zwar an jedem Ort ihres Daseins. In diesem – von uns entdeckten – Universum bedeutet existieren, im kosmischen Zentrum des immer komplexer werdenden Ganzen zu sein.«[15]

Und Hans-Peter Dürr bringt es so auf den Punkt:

»Das Naturgeschehen ist kein mechanistisches Uhrwerk, sondern hat mehr den Charakter einer fortwährenden kreativen Entfaltung: ›Die Welt

ereignet sich in jedem Augenblick neu!‹ ... Wirklichkeitsgeschehen basiert auf genuinen, echt kreativen Entstehungs- und Vernichtungsprozessen. Die Welt erscheint dabei als eine Einheit, als ein einziges Geschehen, das sich nicht mehr streng als Summe von Teilzuständen deuten lässt. Die Welt ›jetzt‹ ist nicht mit der Welt im vergangenen Augenblick materiell identisch ... Aus der Sicht der Quantenphysik ist die Zukunft prinzipiell offen, prinzipiell unbestimmt ... Die Gegenwart bezeichnet den Zeitpunkt, wo Potenzialität zur Faktizität, Möglichkeit zur Tatsächlichkeit gerinnt.«[16]

Die Zen Praxis zielt darauf ab, sich in Einheit mit der Welt zu erleben. Bis diese Einheitserfahrung zur lebendigen, alltäglichen Wirklichkeit wird und wir erkennen, dass ich in jedem unserer Schritte das Universum bewegt, vergehen viele Jahre: »Eine Erleuchtung macht noch keinen Erleuchteten«, wie Niklaus Brantschen zu sagen pflegt.

Der Alltag ist der Weg – im Kleinen wie im Großen

Joshu weist in seinem Koan darauf hin, dass all unsere Tätigkeiten in gleicher Weise wesentlich und wichtig sind, ob wir nun abwaschen oder eine wichtige Sitzung leiten. Wenn wir in dieser Haltung unsere Aufgaben erledigen, tauchen wir ein in den Fluss des Lebens. Wir werden fähig, die täglichen Dinge, ohne Hektik und große Reibungsverluste, sondern mit Freude zu erledigen. Zudem finden wir spontan Zugang zu einer nährenden Wertschätzung. Sie lässt uns dankbar werden, auch für Menschen, die im

Hintergrund arbeiten und nie im Rampenlicht stehen. Denn unsere Erfolge und Leistungen verdanken wir vielen anderen Händen und Herzen, die unser Leben und Arbeiten erleichtern.

In unserem Alltag neigen wir dazu, unangenehme Arbeiten auf irgendwann zu verschieben oder sie unachtsam, »husch-husch«, zu erledigen. Aufgeschobene Aufgaben belasten, auch wenn wir nicht immer daran denken. Sie lassen uns nicht frei. Sie wecken uns häufig in der Nacht oder melden sich oft gerade dann, wenn Freizeit angesagt ist: Du solltest doch noch dieses oder jenes erledigen! ist ein schlechter Auftakt für Zeiten der Entspannung. Die Zen-Weisheit für unseren Arbeitsalltag lautet dementsprechend: Was du heute tun kannst, verschiebe nicht auf morgen. Oder noch radikaler: Was du jetzt tun kannst, verschiebe nicht auf später! Ein Beispiel mag dies verdeutlichen. Computer haben in den letzten Jahren einen wahren Siegeszug in unsere Haushalte gemacht. Anstatt Briefpost erwarten uns jetzt eine Menge Mails, die beantwortet werden möchten. Von einem erfolgreichen Politiker hörte ich einmal, dass er noch in hohem Alter keinen Brief öffnete, wenn er nicht im Anschluss Zeit hatte, diesen auch zu beantworten. Eine solche Einstellung im Umgang mit Mails könnte uns viel Stress ersparen.

Erledigen wir Arbeiten lieb- und achtlos, so nehmen Fehlerquoten massiv zu, und wir bleiben länger damit beschäftigt, als nötig gewesen wäre. Verrichten wir sie schnell, gleichsam nebenher, verpassen wir zudem das wirkliche, essenzielle Leben, das in jedem Augenblick neu, in »fortwährender kreativer Entfaltung« (H.P. Dürr) aufleuchtet.

Joshu will uns sagen: Nimm deinen Alltag ernst, mag er vor den Augen der anderen auch noch so unbedeutend sein. Versuche nicht, ihm zu entfliehen mit allerlei Ablenkungsmanövern. Ganz im Gegenteil, weihe ihn, feiere ihn, weil sich in ihm nichts weniger als das ganze Universum von Augenblick zu Augenblick manifestiert.

Unser Handeln umfasst nicht nur die individuelle (Mikro-) Ebene. Sie betrifft ebenso die institutionelle (Meso-) und die globale (Makro-) Ebene. Dieser Dreischritt wird uns ausführlicher in den Kapiteln fünf und sechs beschäftigen. An dieser Stelle werde ich einzelne Themen kurz aufgreifen und andeuten, was »Wasche deine Reisschale!« auf der institutionellen und globalen Ebene (auch) heißen könnte. Zum Ende des Kapitels werde ich noch einmal auf die individuelle Ebene zurückkommen.

Institutionen, Unternehmen und Gemeinschaften werden durch Organisationsstrukturen gestaltet, die das Arbeiten der Mitarbeiter, aber auch ihre Zusammenarbeit maßgeblich bestimmen. In allen Bereichen der Gesellschaft wird spürbar, dass die Strukturen von gestern heute vielfach nicht mehr tragen. Zu viele Mitarbeitende werden krank und scheiden zu früh aus dem Arbeitsprozess aus. Viele Menschen verabschieden sich aus traditionellen Institutionen wie den Kirchen und treten politischen Parteien erst gar nicht mehr bei. In diesem Zusammenhang herrscht allgemein ein Unbehagen, eine Unzufriedenheit und eine mehr oder weniger eingestandene Unsicherheit. Da und dort zeigen sich Spuren des Neuen. Ungewohnte Formen der Zusammenarbeit wie Co-Kreation werden entwickelt und mit holarchischen Strukturen experimentiert, in der die Hierarchie entsprechend der Kompetenz je neu festgelegt wird.

Ohne Zweifel leben wir in einer Zeit von großem strukturellem Wandel – national und global. Das Finden neuer Organisationsformen wird letztlich von der Frage geleitet sein müssen: Welche Organisationsstrukturen fördern heute die fachliche, emotionale und soziale Entwicklung der Menschen, die in den betreffenden Institutionen ein- und ausgehen, und berücksichtigen ebenso die nachhaltige Entwicklung von Mit- und Umwelt? Diese Frage dürfen wir nicht allein an Chefs und Präsidenten delegieren. Jede und jeder hat sich um diese Aufgabe zu kümmern, denn es braucht die Anstrengung aller, um das Neue zu finden.

Das »Wasche deine Reisschale!« scheint im Blick auf die globale Ebene jedes menschliche Maß zu übersteigen. Aber auch hier gilt, jede und jeder kann dazu beitragen, dass im Problem des Krieges, der Armut und der ökologischen Krise Wege zur Lösung gefunden und auch umgesetzt werden können. Denn Frieden, Gerechtigkeit und Bewahrung der Schöpfung beginnen in uns selbst, in unserem kleinen Alltag. Diese Grundhaltungen bestimmen unser Verhalten gegenüber den Mitmenschen und der Mitwelt und tragen schlussendlich zu einem positiven, lebensbejahenden Bewusstseinsfeld bei, das den ganzen Planeten umhüllt.

Ein junger, hoch begabter Student, der internationales Recht an einer renommierten Universität belegt, sagte unlängst zum Abschluss eines Seminars über Konfliktmanagement traurig und aufgebracht zugleich, dass er wenig Menschen kenne, die sich die Menschheit ohne Krieg vorstellen können. An einer Hand könne er sie abzählen. Er hat sich zum Ziel gesetzt, an der Verwirklichung dieses Traumes zu arbeiten. Sein Appell an die Anwesenden war, damit zu beginnen, sich jeden Tag eine Menschheit vorzustellen, die den Krieg als Konfliktlösungsstrategie abgeschafft hat. Er regte damit an, die Reisschale gleichsam auf globaler Ebene zu waschen.

Menschen, denen sich die Einheit allen Lebens zum ersten Mal erschließt, erfahren eine tiefe Erschütterung. Überwältigt vom neuen, ganzheitlichen Erleben sind sie zunächst ganz davon eingenommen. Nicht selten stellt sich auch ein gewisser Stolz, Dünkel oder gar Überheblichkeit ein: »Jetzt hab ich's! Ich bin etwas ganz Außergewöhnliches und Besonderes!« Dieser Haltung kommt Joshu zuvor, indem er den Mönch heißt, eine ganz einfache, alltägliche Arbeit wie abwaschen zu verrichten. Seine Lehre ist: Die Erfahrung der Verbundenheit mit allem hat sich im kleinen unscheinbaren Alltagsleben zu zeigen. Bleiben die Übenden an der Einheitserfahrung hängen, und mag diese noch so tief sein, so wird dieser Zustand als Zen-Krankheit bezeichnet. Menschen in Führungspositionen kann es manchmal ähnlich gehen wie diesem Mönch. Erfolg ohne Bodenhaftigkeit kann leicht zur Überheblichkeit führen und Bewunderung kippt nicht selten in ihr Gegenteil.

In der Anweisung von Joshu wird noch eine weitere Lebensweisheit deutlich. Er fordert nicht etwa auf, die Reisschale zu versorgen, was im klösterlichen Ablauf stimmiger gewesen wäre, nein, er verlangt, die Schale zu waschen. In Einheit mit der Reisschale heißt er den Mönch jeden Tag an sich selbst zu arbeiten – den inneren Menschen von Tagesresten und Altlasten zu reinigen. In alten Zen-Texten finden wir in diesem Zusammenhang die Metapher eines mit Staub bedeckten Spiegels. Das Ziel der Übung ist der klare Spiegel, der die ursprüngliche Reinheit des Geistes symbolisiert.[17] Joshu weist auf diese Praxis hin. Sie wird nicht nur im Zen, sondern auch in allen anderen spirituellen Traditionen geübt: die Ausrichtung der Kräfte am Morgen und die Gewissenserforschung des Tages am Abend. Die eine Übung stärkt uns für den Tag, die andere lässt uns ruhig schlafen.[18]

Die Arbeit an sich selbst im Dienste des größeren Ganzen

Eine persönliche Standortbestimmung will den einen Aspekt der Zen-Geschichte von den Essschalen vertiefen, nämlich die Arbeit an uns selbst; die Übungen haben den anderen Aspekt zum Thema, nämlich die Erfahrung der Einheit aller Wirklichkeit.

Fragen zur Standortbestimmung in der Selbstführung

- Wie viel »Ego« habe ich aufgebaut über meine Stellung im Beruf, meine Leistung, meinen Status, den geerbten oder erworbenen Besitz, die Ausbildung? Was könnte der nächste Schritt sein, um die Identifikation mit Leistung und Besitz immer mehr loszulassen und in die Seinsmacht hineinzuwachsen?
- Was leitet mich, treibt mich voran?
- Wie viel Energie und Kreativität investiere ich, um gut dazustehen vor mir selbst und anderen Menschen? Was würde mir helfen, die übertriebene Pflege meines Images loszulassen? Wie könnte ich lernen, dem Leben zu dienen?
- Trage ich genügend Sorge für mich, oder treibe ich Raubbau mit meinen Kräften? Was tue ich konkret zu einer gesunden Work-Life-Balance?

❧ Was hilft mir, zu eigenen Fehlern zu stehen und aus ihnen zu lernen?

❧ Wie arbeite ich an mir, um das Mitmenschliche im Alltag zu kultivieren? Praktiziere ich Übungen, die mich unterstützen, Mitmenschlichkeit zu üben und ein gutes, erfülltes Leben zu führen?

Genauso wie diese Zen-Geschichte zwei Aspekte unseres Lebens beleuchtet, die Arbeit an und mit uns selbst und der großen Erfahrung der Einheit aller Wirklichkeit, möchten die beiden folgenden Übungen zu beidem anregen.

Übungen

In der ersten Übung geht es um die innere Ausrichtung unserer Haltung im Alltag:

Begrüßen Sie bereits am Morgen beim Aufwachen den Tag, segnen Sie ihn und danken Sie für Ihr Leben. Und beschließen Sie am Abend vor dem Einschlafen den Tag genauso mit einem Dank für alles, was Ihnen heute gelungen ist, aber auch für allen Mangel und alles Bruchstückhafte.

Die zweite Übung weitet unsere Sicht und lässt das hautverkapselte Ich transparent werden für die global-kosmische Dimension der Wirklichkeit.

Sie sitzen gut aufgerichtet auf dem Stuhl. Beide Füße berühren den Boden. Wenn Sie bereit sind, schließen Sie die Augen.

- Nehmen Sie wahr, wie Sie auf dem Stuhl sitzen, wie Sie über die Oberschenkel und das Gesäß auf den Stuhl Gewicht abgeben. Spüren Sie, wie Ihr Rücken an der Lehne des Stuhles abgestützt ist.

- Nehmen Sie die Geräusche im Raum wahr. Machen Sie keine Geschichte daraus. Bleiben Sie im achtsamen Gewahrsein.

- Spüren Sie den Atem, wie er sanft ein- und ausströmt. Zählen Sie das Ausatmen von 1 bis 10, danach verweilen Sie im achtsamen Gewahrsein Ihres Ein- und Ausatmens.

- Ruhe, innerer Friede, Klarheit und Wachheit breiten sich in Ihnen aus.

- Erlauben Sie sich nun, dass sich Ihr Bewusstsein weit nach vorn, danach auch nach hinten ausdehnt.

- Lassen Sie zu, dass der Raum sich ausdehnt, dass sich Ihr Bewusstsein nach oben und unten endlos ausbreitet.

- Lassen Sie zu, dass sich Ihr Bewusstsein unendlich nach allen Seiten ausdehnt.

- Ruhen Sie in diesem Erlebnis der sich immer weiter vertiefenden Grenzenlosigkeit und Weite.

- Im Hier und Jetzt weilend lassen Sie sich berühren vom Hauch der Ewigkeit.

Kommen Sie in der für Sie stimmigen Weise aus dieser Übung zurück in Ihren Alltag.

»Kanshiketzu«

Oder:

Keine Dunkelheit ohne Licht – kein Problem ohne Lösung

Ein Mönch fragte Unmon in allem Ernst:

»Was ist Buddha?«

Unmon sagte: »Kanshiketzu!«

(Ein vertrockneter Kot-Spatel.)

48

Unmon und das gebrochene Bein

Meister Unmon, der im obigen Koan vorkommt, gehört wie Joshu zu den hervorragenden Meistern der klassischen Zen-Periode im alten China. Seine Schule zeichnete sich aus durch eine strenge, raue Art der Führung, die er selbst von seinem Meister erhielt und entsprechend weitergab. So wird berichtet, dass sein Lehrer, Meister Bokushu, die Tür zum Gesprächsraum immer geschlossen hielt. Allein vom Klang der nahenden Schritte vermochte er zu beurteilen, wie weit der Schüler in der Übung fortgeschritten war. Kaum war dieser im Raum, packte er ihn beim Kragen und schrie: »Sag es! Sag es!« War er nicht zufrieden mit den Antworten des Schülers, so stieß er ihn zur Tür hinaus, bezeichnete ihn als größten Dummkopf und knallte die Tür zu. Auch Unmon ist dies widerfahren. Als er nach der dritten Begegnung mit seinem Meister zur Tür hinausflog, klemmte er sein Bein ein und brach es. Beim Schrei »AU!« erlangte er unerwartet die große Erfahrung. Heute ist diese Art der Unterweisung nicht mehr vorstellbar. Die Leute würden wegbleiben und bestimmt nie wieder an einer Zen-Übungszeit teilnehmen.

Neben seiner harten Weise, Menschen zu führen, war Bokushu auch ein bescheidener Mann, der die Öffentlichkeit und Aufmerksamkeit scheute. So schickte er den begabten Unmon in die Schulung von Meister Seppo, dessen offizieller Nachfolger er wurde.

So wie dieses AU benutzte Unmon – obwohl er sehr redegewandt war und als Meister der Sprache gilt – später in der persönlichen Unterweisung seiner Schüler oft nur ein einziges Wort, eben wie hier »Kanshiketzu«. Seine Aussprüche und Antworten werden in der Zen-Tradition hoch geach-

49

tet. Von keinem anderen Zen-Meister sind so viele Fallbeispiele in den verschiedenen Koan-Sammlungen aufgenommen worden.

Weder rein noch unrein

Wie alle Zen-Geschichten, so hat auch die Erzählung dieser Begegnung zwischen Unmon und einem seiner Mönche zum Ziel, die Erfahrung der Einheit und Leere aller Dinge zu prüfen und gegebenenfalls zu vertiefen. Unmon war darin berühmt, dass seine Antworten wie ein Deckel auf die Dose passten. So geschah es auch hier. Der Mönch suchte nach einer klaren Definition von Buddha. Um diese Frage zu lösen, hätte er auch nach einem Nachschlagewerk greifen können. Dort hätte er über mindestens vier verschiedene Betrachtungsweisen Buddhas nachlesen können, nämlich:

- Buddha kennzeichnet den vollkommen erwachten Menschen, der die Erleuchtungserfahrung vollkommen verwirklicht und damit, erlöst aus dem Kreislauf der Existenzen, vollkommene Befreiung erreicht hat.
- Der historische Shakyamuni Buddha, der im 6. Jahrhundert v.Chr. den Buddhismus begründete.
- Das Buddha-Prinzip, das sich in den transzendenten Buddhas verkörpert, und schlussendlich
- Buddha, als Synonym für das Absolute, die form- und gegenstandlose letzte Wirklichkeit, das Buddhawesen oder auch Buddhanatur.[19]

Unmon verzichtet auf kluge Erläuterungen, konfrontiert den Mönch jedoch stattdessen mit »Kanshiketzu«, einem ausgetrockneten Kot-Spatel, der im alten China anstelle von Toilettenpapier benutzt wurde. Ohne Zweifel stinkt ein solcher Stock. Doch aus Unmons Sicht ist er weder schmutzig noch übel riechend. Denn in der Erfahrung der Einheit und Leere ist Polarität wie Dualität aufgehoben. Es gibt kein gut oder schlecht, kein rein oder unrein, schmutzig oder sauber. Es ist, wie es ist. Yamada Roshi schreibt in seinem Kommentar: Ihr werdet »eines Tages realisieren, dass ›Kanshiketzu!‹ nichts anderes ist als das ganze Universum. Das wird euch den größten Frieden für Herz und Geist bringen ... Nichts bleibt außerhalb. Es ist deine Wesensnatur. Es ist das ganze Universum. Und ihr müsst dazu kommen, dies durch eure lebendige Erfahrung zu realisieren.«[20]

Da der Mönch am Begriff der Heiligkeit Buddhas klebte, befreite ihn Unmon mit einem Stock voller Scheißdreck von allen erhabenen Ideen und Konzepten über heilig oder unheilig – würdevoll oder unfein. Er eröffnete ihm eine Bewusstseinsdimension, die leer von Gedankengebäuden, Ideologien, von Gestalt und Form dazu befähigt, unmittelbar mit dem Leben in Berührung zu sein. Diese kostbare Erfahrung lässt sich nicht über das rational-logische Denken erschließen. Im Gegenteil. Nur wenn es uns gelingt, dieses radikal zum Schweigen zu bringen und loszulassen, werden wir offen für die umfassende Erkenntnis der Wirklichkeit.

»Kanshiketzu« und Schattenarbeit

Unmon muss eine ausgesprochen hohe Fähigkeit gehabt haben, den Geisteszustand seiner Schüler direkt zu erfassen. Mit seinen knappen Antworten ging er zudem auf ihre Lebensthemen ein, mit denen sie innerlich rangen, um ihnen nicht nur in Richtung der Erleuchtungserfahrung einen Stoß zu versetzen, sondern sie auch in ihrer Persönlichkeitsentwicklung anzuregen und zu fördern.

In der Umsetzung dieses Koans für den Alltag war der Mönch herausgefordert – und sind es auch wir –, sich um die persönlichen Schattenanteile zu kümmern, sozusagen schonungslos unseren inneren »Scheißdreck« ans Licht zu heben, anzunehmen und zu integrieren. Auch Menschen mit tiefen spirituellen Erfahrungen sind von dieser Aufgabe nicht entlastet. Sie gehört zum täglichen Reinigen des Spiegels, zum täglichen Waschen der Reisschale.

Es war C.G. Jung, der Anfang des letzten Jahrhunderts die Erfahrung des Schattens und seine Integration als eine der Hauptetappen in der persönlichen Entwicklung des Menschen erkannte und in mehreren Schriften erläuterte. Der Schatten verkörpert unseren »dunklen« Bruder, unsere »dunkle« Schwester, der oder die zu uns gehört und unsere Ganzheit erst ausmacht. Es sind Aspekte, die wir aus moralischen oder ästhetischen Gründen oder auch aus Angst vor Prestigeverlust nicht aufkommen lassen oder verwerfen, weil sie unserem bewussten Selbstbild widersprechen.

Dem Schatten können wir in einer inneren, symbolischen Figur, etwa in dunklen Gestalten in den nächtlichen Träumen, aber auch in äußeren Gestalten, in ganz konkreten Menschen, begegnen. Diese werden zu Projektionsträgern von unbewussten Eigenschaften, die wir nur ungern als unsere eigenen anerkennen. Sie werden im Allgemeinen unterdrückt und treten für gewöhnlich nicht in Erscheinung. Unter bestimmten Umständen können sie plötzlich als bedrängende, heftige und hartnäckige Emotionen auftauchen wie Ungeduld, Enge, Härte, Kleinlichkeit, Rivalität, Neid und Eifersucht.

Jung unterscheidet zwischen *persönlichen* Schatten, den unentfalteten persönlichen Aspekten des Menschen, und den *kollektiven* Schatten, welche die Kehrseite des herrschenden Zeitgeistes repräsentieren.

Die Arbeit am und mit dem Schatten hat in der Persönlichkeitsentwicklung eine Schlüsselposition. Wird er nämlich nicht bearbeitet, so hat er die Tendenz, sich weiter zu verdichten und uns abzuschneiden von der schöpferischen Quelle in uns. Wird aber das kreative Potenzial, über das alle Menschen verfügen, freigesetzt, so wird nicht nur unser Leben und Arbeiten bereichert; wir werden auch befähigt, neue Lösungs- und Handlungsimpulse in schwierigen Situationen zu finden. So ist die Konfrontation und Integration des Schattens für Menschen, die Verantwortung tragen und sich und andere Menschen erfolgreich führen wollen, geradezu ein »Muss«, denn nirgendwo ist Lebendigkeit und Ideenreichtum stärker gefordert wie im Umgang mit Menschen.

Die Transformation des Schattens beinhaltet folgende Schritte:

- **SICH DEM EIGENEN WESEN – AUCH DEN ABGRÜNDEN – SCHONUNGSLOS STELLEN, UM SO ZUR GANZHEIT HERANZUREIFEN:** Eine solche Selbsterkenntnis kann zum Beispiel darin bestehen, den Motor des permanenten Leistungsdrucks zu verstehen, der heißen kann: »Ich möchte geliebt sein.« Diese Rechnung geht nie auf, denn Menschen werden nicht wegen ihrer Leistungen geliebt, bestenfalls anerkannt oder bewundert. Es braucht eine große Portion Mut, sich dieser bitteren Wahrheit zu stellen.

- ❧ **ZUR INNEREN WAHRHEIT STEHEN, AUCH WENN SIE UNANGENEHM IST, DENN SIE ALLEIN FÜHRT ZU INNERER FREIHEIT:** Uns in dem zu zeigen, was wir denken und fühlen, kann beschämend sein. Eifersucht, Neid und Gier verstecken wir erst einmal lieber – auch vor uns selbst –, bevor wir zugeben, dass sie im Moment unser Gefühlsleben und die Beziehung zu anderen Menschen und Dingen bestimmen. Decken wir unsere Vorurteile und Urteile überhaupt nicht auf, so bleiben wir gefangen in unseren Gedanken und Bildern über uns, andere Menschen, über Völker und die Welt.

- ❧ **SCHWÄCHEN EINGESTEHEN, UM SICH NICHT ZU VERSTEIFEN – WEDER GEISTIG NOCH KÖRPERLICH:** Dieser Schritt fällt in einer Gesellschaft besonders schwer, in der die Schönen und Starken bewundert werden und in vielen Lebensbereichen an erster Stelle stehen. Der Preis, den wir dafür zahlen, perfekt zu sein, ist hoch und darüber hinaus ist ein solches Leben sehr anstrengend.

- ❧ **PROJEKTIONEN ERKENNEN UND ZURÜCKNEHMEN, DAMIT DIE IN UNPRODUKTIVEN BEZIEHUNGSKONFLIKTEN GEBUNDENE KREATIVITÄT WIEDER FREI FLIESSEN KANN:** Auch diese Entscheidung braucht Mut. Es ist um vieles einfacher, die »Schuld« in Konflikten bei anderen zu suchen. Dann haben wir das Recht, wütend und verletzt zu sein, und vergessen dabei, dass der Dorn im Auge des anderen ein Hinweis sein kann auf den Balken in meinem eigenen. In diesem Schritt werden wir angehalten, schonungslos zu überprüfen, ob das ärgerliche Verhalten der anderen nicht vielleicht doch ein unbewusstes, destruktives Verhalten von uns selbst spiegelt.

- ◈ **SCHULD ANERKENNEN, UM BEZIEHUNGSFÄHIGER ZU WERDEN:** Gemeint ist hier nicht eine neurotische Schuld, die uns klein und bucklig macht, sondern das Wahrhaben der eigenen Lieblosigkeit, Härte, Arroganz in der Begegnung mit uns selbst oder mit anderen Menschen. Dazu brauchen wir weniger Mut als Demut. Wer der Schuld nicht davonläuft, sich bewertet aber nicht abwertet, schafft damit die Voraussetzung, mit sich selbst klarzukommen. Ohne Anerkennung der Schuld kann Versöhnung letztlich nicht gelingen.

- ◈ **SICH MIT SICH SELBST UND ANDEREN VERSÖHNEN, UM LIEBESFÄHIGER ZU WERDEN:** Den meisten Menschen fällt es schwerer, sich selbst als anderen zu verzeihen. Doch erst, wenn beide Schritte in der Tiefe unseres Herzens gelingen, werden wir erlöste und befreite Menschen, fähig zu lieben und geliebt zu werden.

Die Befreiung des Schattens aus den unbewussten Schichten der Persönlichkeit weist in ihrer Konsequenz und Bedeutung weit über die individuelle Person hinaus. Sie ist ein Beitrag zur Weiterentwicklung der Menschheit. In diesem Sinne schreibt C.G. Jung:

»Wenn man sich aber jemanden vorstellt, der tapfer genug ist, seine Projektionen allesamt zurückzuziehen, dann ergibt sich ein Individuum, das sich eines beträchtlichen Schattens bewusst ist. Ein solcher Mensch hat sich allerdings neue Probleme und Konflikte aufgeladen. Er ist sich selbst eine ernste Aufgabe geworden, da er jetzt nicht mehr sagen kann, dass die anderen dies oder jenes tun, dass sie im Fehler sind, und dass man gegen sie kämpfen muss. Er lebt in dem ›Haus der Selbstbesinnung‹, der inneren Sammlung. Solch ein Mensch weiß, dass, was immer in der Welt verkehrt ist, auch in ihm selber ist, und wenn er nur lernt, mit seinen eigenen Schatten fertig zu werden, dann hat er etwas Wirkliches für die Welt getan. Es ist ihm dann gelungen, wenigstens einen allerkleinsten Teil der ungelösten, riesenhaften Fragen unserer Tage zu beantworten.«[21]

»Kanshiketzu« und Charisma

Pia Gyger hat den Ansatz von C.G. Jung weiter vertieft und entfaltet. Während einer institutionellen Erneuerung in einem Therapieheim für junge Frauen entdeckte sie in einer Krisensituation eine befreiende Gesetzmäßigkeit. Ausgehend von den Erkenntnissen von Teilhard de Chardin über die evolutive Entwicklung der Menschheit und ihre Implikationen für heute, hatte sie zugunsten der damals üblichen hierarchischen Leitungsform eine kollegiale Leitung eingeführt. Die Struktur sah vor, dass die Mitarbeitenden die Leitungsverantwortung gemeinsam trugen. Damit dieses Vorhaben gelingen konnte, übte das Team neue Kommunikationsformen ein: Toleranz, Transparenz und konstruktive Konfliktlösung. Viele Männer und Frauen fühlten sich von diesem evolutiven Konzept angesprochen. Sie freuten sich darauf, eine partizipative Leitungsform einzuüben, und waren bereit, ihr Bestes zu geben. Doch schon nach kurzer Zeit nahmen die Probleme und Konflikte unter den Mitarbeitenden ein beunruhigendes Ausmaß an. Ein Ausweg musste gefunden werden, denn die Arbeit mit den jungen Frauen begann immer mehr darunter zu leiden.

In dieser Situation diskutierten wir – ich war in der Zwischenzeit Mitarbeiterin geworden –, ob die vertraute Führungsform, die Hierarchie, wieder einzuführen sei. Doch niemand war dazu bereit. Nach einer Krisensitzung fand Pia Gyger eine Deutung, die zwar die Probleme noch nicht löste, jedoch einen Weg aus der Sackgasse aufzeigte. Ich erinnere mich sehr gut an die Entspannung und Erleichterung, die ihre Sicht bei den Mitarbeitenden auslöste:

In der größeren Nähe werden nicht nur alte Wunden aktiviert, sondern auch die Mauern, die wir um diese Verletzungen errichtet haben. Die Zuversicht liegt in der Verheißung, dass durch das Aktivieren der leid- und schuldvollen Geschichte Heilung möglich wird. In diesem Prozess kann unsere, im dunkelsten Schatten verborgene, größte Begabung befreit werden.[22]

Der Kernschatten hat seine Wurzeln in der Kindheit. Er wird um die schmerzlichste Verletzung herum aufgebaut. In ihm ist das schöpferische Potenzial gebunden. Es wird zur ständigen Wiederholung dessen, woran wir gelitten haben, eingesetzt. Erst wenn der Schatten angenommen wird, können wir ihn transformieren. Dazu ist notwendig, die Kernverletzung kennenzulernen und alle schmerzlichen Gefühle, aber auch Aggression, Scham und Schuld zuzulassen. Ein wesentlicher Schritt der Heilung liegt in der Einsicht, dass wir im Erwachsenenalter nun selbst vom Opfer zum Täter werden. Was wir einst gelitten haben, fügen wir nun den Menschen zu, die uns nahestehen. Meistens trifft es jene, denen wir nahestehen und die wir besonders gern haben.

Die Bereitschaft, die Rolle des Täterseins anzunehmen, bedeutet »Kanshiketzu« zu realisieren, das heißt zu erfahren, dass in unserer größten Dunkelheit Heilsein und Einzigartigkeit auf uns wartet. »Kanshiketzu« bedeutet zudem, auch dort Verantwortung zu übernehmen, wo die meisten Menschen – wenn überhaupt – erst spät Zugang finden, nämlich Verantwortung zu tragen für die destruktiven Impulse, die aus dem Unbewussten auftauchen. Es braucht viel Mut, diesen Schritt zu wagen. Eine wesentliche Hilfe dazu bietet ein Leitsatz des Heilpädagogen Paul Mohr: »Nicht gegen den Fehler kämpfen, sondern für das Fehlende da sein.« Wenn uns diese Haltung im Umgang mit unseren Schwächen und unserer Schuld gelingt, dann wird weit mehr als Heilung möglich: »Der transformierte Schatten ist der Ort, wo unser Charisma geboren wird … Unsere größte Verletzung und Schwäche ist das Einbruchstor Gottes.«[23] Das Koan »Kanshiketzu« richtig verstehen und realisieren bedeutet schließlich, die Opfer-Täter-Dynamik nicht nur zu transformieren, sondern auch zu transzendieren. So werden wir zu Friedensstiftern im Kleinen wie im Großen.

Die Arbeit mit dem Grundmuster »von der Kernverletzung zum Kernschatten und zur Kernkompetenz« in verschiedenen Situationen und Kontexten – in Peace Camps auf dem Balkan und in einem Slum auf den Philippinen – hat gezeigt, dass dieses Muster nicht nur auf der personalen Ebene zutrifft. Das Muster findet sich auch auf der Ebene von Institutionen und Nationen. Wie im persönlichen Leben kann es auch für scheinbar unlösbare Konflikte, ja sogar Kriege, neue Perspektiven und Lösungsansätze eröffnen.

Folgende Fragen helfen, das Grundmuster »Kernverletzung – Kernkompetenz« im eigenen Leben, in der Institution wie auf der Ebene der Völker, zu erkennen. Nehmen wir die unangenehmen Wahrheiten an, beginnen sich Spannungen zu lösen. Wir werden fähiger, Konflikte auf konstruktive Weise zu lösen.

Auf dem Weg zur Kernkompetenz

Fragen auf der persönlichen Ebene

1. Gibt es Konflikte, in denen ich übermäßig reagiere und die sich in ähnlicher Weise immer wiederholen?
2. Gibt es eine Beziehungskonstellation, die sich wiederholt und mich in körperliche, emotionale und geistige Anspannung bringt und Schmerzen verursacht?
3. Kann ich mein Tätersein erkennen und bewerten, ohne mich abzuwerten?
4. Kann ich mir und anderen verzeihen?

Fragen auf der Ebene des Unternehmens

1. Kennen Sie die wiederkehrenden Konfliktgrundmuster der Mitarbeitenden?
2. Können Sie den Gegenpol beschreiben?
3. Welche Bilder und Worte zur Kernkompetenz der Mitarbeitenden fallen ihnen ein?
4. Wie sprechen Sie das Licht im Schatten der Mitarbeitenden an?

60

5. Gibt es ein Muster, eine Konstellation in Ihrem Unternehmen, die sich immer wieder wiederholt und den Erfolg schmälert?

6. Welche Kernkompetenz könnte sich darin verbergen?

Fragen auf der globalen Ebene

1. Welche globalen Probleme berühren und bewegen Sie?

2. Mit welchen Menschheitsthemen ist Ihr Schatten, Ihre Verletzung und Ihr Charisma in Resonanz?

3. Erkennen Sie bereits Facetten von Kernschatten, Kernverletzung und Kernkompetenz Ihres Volkes? Welche?

»Zuigan ruft sich selbst Meister«

Oder:

Meisterlich leben

Meister Zuigan pflegte jeden Tag sich selbst

zuzurufen: »Meister!« und zu antworten: »Ja!«

Dann rief er erneut: »Ganz wach! Ganz wach!«

und antwortete: »Ja! Ja!« – »Lass dich nicht

von anderen täuschen, an keinem Tag,

zu keiner Zeit!« – »Nein! Nein!«

Zuigan und die ewige Wahrheit

Das Besondere im Leben und Wirken von Zuigan war, dass er Tag für Tag nur mit diesem Koan arbeitete, nämlich, sich »Meister« zu rufen und sich auch selbst bejahend zu antworten: »Ganz wach! Ganz wach!« Wie viele andere berühmte Meister lebte auch er in der Blütezeit des Zen in China. Ebenso klassisch ist seine Biografie: In jungen Jahren zum Mönch geweiht wurde er Schüler eines bedeutenden Meisters. Von der ersten Begegnung zwischen ihm und Ganto, dem 6. Patriarchen, ist folgender Dialog überliefert: Zuigan fragte: »Was ist die ewige Wahrheit?«

Der Bericht lässt offen, in welcher Geistes- oder Gemütsverfassung der junge Mönch diese uralte Frage stellte. War er einfach nur neugierig oder bereits getrieben von einer existenziellen Not? Wollte er vielleicht gar couragiert genug den berühmten Lehrer testen? Wir wissen es nicht. Wie auch immer, Zuigan nimmt eine Frage auf, die Menschen seit jeher bewegt und auch in Zukunft bewegen wird, denn ihre Antwort verheißt Sicherheit und Orientierung.

Zuigans Frage hat eine gewisse Parallele zum letzten Fallbeispiel, in dem ein Mönch eine endgültige und umfassende Erläuterung zum Wesen des Buddhas wünschte und eine überraschende Antwort erhielt: »Kanshiketzu«. Wie Unmon vermeidet Ganto den Disput, die Ebene des diskursiven Denkens, um die ewige Wahrheit. Er gibt die schneidend bewertende Antwort: »Du hast sie verfehlt!« Zuigan seinerseits lässt sich nicht einschüchtern und bohrt weiter: »Und was ist, wenn ich sie verfehlt habe?« Worauf Ganto erwidert: »Dann ist es nicht mehr die ewige Wahrheit!«

Diese eindrückliche Begegnung bildete nicht nur den Auftakt einer intensiven Zen-Schulung, die mit der Ernennung Zuigans zu Gantos Nachfolger einen Höhepunkt fand. Sie verdeutlicht kurz und präzise die Essenz des Zen: Wahrheit, die in begriffliches Denken gefasst werden kann, ist nicht mehr ewige Wahrheit.

Wer ruft?

Mumon, ein Meister des 13. Jahrhunderts und Kommentator vieler berühmter Zen-Geschichten, schrieb zu diesem Koan einen wunderbaren, kurzen und prägnanten Text:

»Zugleich Käufer und Verkäufer ist der alte Zuigan. Er hat viele Götter- und Teufelspuppen, mit denen er Theater spielt. Was soll's? Passt auf! Einer ruft. Einer antwortet. Einer bleibt wach. Einer lässt sich vom anderen nicht täuschen. Bleibt ihr aber dort stecken, seid ihr im Irrgarten. Würdet ihr Zuigan nachzuahmen versuchen, hättet ihr nur die Einsicht eines Fuchses .«[24]

Fast möchte man meinen, dass in dieser Geschichte verschiedene Personen miteinander reden: Der Beginn ist noch eindeutig auszumachen. Es ist Meister Zuigan selbst, der sich Meister ruft. Doch wen spricht er damit an? Zwar gibt er sich selbst Antwort, aber wer bejaht denn nun wirklich die Aufforderung zur Meisterschaft und deklariert ganz wach zu sein, jeden Augenblick? Welche Beziehung besteht zwischen Rufendem und Antwortendem? Und wer lässt sich von wem nicht täuschen und schließt den Dialog mit einem doppelten »NEIN«?

Aus der Perspektive des Zen, das ahnen wir bereits, ist die Antwort einfach und klar. Wer nach den verschiedenen Personen sucht, verliert sich im Irrgarten von Theorien, Konzepten, Vorstellungen und Meinungen. Der Meister steht für unser wahres Wesen. In diesem wahren Selbst, wie im »JA«, »GANZ WACH« und »NEIN« manifestiert sich das ganze Universum. Zen ist eine entscheidende Hilfe, dies zu realisieren und entsprechend in den Alltag umzusetzen.

Uns interessiert hier das Spezielle und Konkrete der Geschichte: Welche Aspekte der Persönlichkeit werden angesprochen und gefördert, wenn wir uns immer wieder aufs Neue »Meister« oder »Meisterin« nennen? Was passiert in und mit einem Menschen, der dieses Ziel stets neu bejaht? Der zudem in sich einen Bewusstseinszustand der Wachheit fördert und anderen nicht kritiklos hinterherläuft? Im Folgenden werde ich diese Aspekte der Geschichte beleuchten und Anregungen ableiten für Menschen, die in Verantwortung stehen.

Meister und Meisterin des Lebens

Fast täglich wird in den Nachrichten von Meisterschaften in sportlichen Disziplinen berichtet, Veranstaltungen, an denen sich die besten Athleten oder Mannschaften messen und im Wettbewerb ausgezeichnet werden. Für hochbegabte Musikerinnen und Musiker werden im Sommer in vornehmen Touristenorten regelmäßig Meisterkurse durchgeführt. Der

Meister jedoch, von dem in unserer Geschichte die Rede ist, strebt weder nach Auszeichnungen noch ist er besonders talentiert. Er wohnt in jedem Menschen und wartet darauf, dass er erwachen und sich manifestieren darf. Es ist der Mensch in uns angesprochen, der ganz natürlich selbstbewusst im All-Bewusstsein lebt und ohne Rang und Namen ist. Er zeichnet sich durch Wachheit und Präsenz in Körper, Seele und Geist aus. Trotz der Gewissheit, ohne Rang und Namen zu sein, weiß er um die eigene Macht und Größe. Auch davor schreckt er nicht zurück, sondern wächst Schritt für Schritt in die damit verbundene Verantwortung hinein. In allen Menschen lebt – mehr oder weniger verschüttet – die Sehnsucht, diesen inneren, einzigartigen Meister zu finden.

Auf dem Weg zum inneren Meister, der inneren Meisterin entfaltet sich die Einzigartigkeit jedes Menschen. In uns ruht ein Potenzial, das durch Mühe und Anstrengung zur Fähigkeit und durch regelmäßiges Üben zur Fertigkeit wird. *Excellency* heißt dieses Entwicklungsziel im Businessbereich. Niklaus Brantschen nennt die aus spiritueller Erfahrung gewachsene und durch Übung gewonnene Leichtigkeit, gut zu sein und das Gute gern zu tun, *Tugend*.[25] Diese Arbeit an uns selbst darf jedoch nicht verwechselt werden mit der mühevollen und gleichzeitig erfolglosen Anstrengung, neurotische Über-Ich-Ideale verwirklichen zu wollen wie beispielsweise immer die Beste oder der Brillanteste sein zu müssen. In der Meisterschaft, von der hier die Rede ist, arbeiten wir nach und nach unsere einzigartige, einmalige und unverwechselbare Persönlichkeit heraus.

Die Förderung der brachliegenden Talente kann alle Bereiche unseres Seins – körperliche, psychische und geistige – umfassen und bleibt ein lebenslanger Prozess. Wenn wir ein waches Auge dafür haben, so erkennen wir in unserem Umfeld Menschen, die von der Mühe und Anstrengung zur Freude an der kontinuierlichen Entwicklung gefunden haben, wie etwa die Frau, die mit 80 Jahren jeden Morgen in Tolstois *Krieg und Frieden* im Originaltext auf Russisch liest, um ihre geistige Fitness nicht zu verlieren, oder der Mann, der mit 50 beginnt, sich um den inneren Menschen zu kümmern und sich nicht scheut, Seminare zur Selbsterkenntnis und Partnerschaft zu besuchen, um in seiner Liebesfähigkeit zu wachsen. Die Begegnung mit solchen Menschen kann uns ermutigen, das Älterwerden als Möglichkeit zu sehen, innerlich zu reifen und zu wachsen, auch wenn die körperlichen Kräfte unaufhaltsam abnehmen. Übung macht den Meister. Das gilt nicht zuletzt für den Geist.

Meister und Meisterin der Gedanken

Zur Lebenskunst gehört neben der Entfaltung unseres einzigartigen Potenzials ganz gewiss auch der bewusste Umgang mit unseren Gedanken und Gefühlen. Menschen, die meisterlich mit ihren Gedanken umgehen, wissen, dass diese die Tendenz haben, sich zu manifestieren. Die Psychologie spricht in diesem Zusammenhang von selbsterfüllender Prophezeiung. Wenn wir uns immer wieder einreden, dass wir dies oder jenes nicht können, wie beispielsweise am Morgen etwas früher aufstehen, damit wir nicht gehetzt dem Tag hinterherrennen, sondern ihn vielmehr empfangen und auf die Aufgaben zugehen, die er für uns bereithält, dann werden wir nie fähig dazu. Viele unserer Grenzen setzen wir uns selbst, und zwar in unserem Denken. Es lohnt sich, auf die unwichtig scheinenden Gedanken in unserem Leben zu achten. Ihr Einfluss auf unsere Befindlichkeit und Selbstkompetenz ist nicht zu unterschätzen.

Die Wirkmacht der Gedanken erforschte im letzten Jahrhundert Masuro Emoto im Zusammenhang mit Wasser und kam dabei zu eindrücklichen Ergebnissen. Er konnte nachweisen, dass Wörter, Gefühle und Gedanken die Kristalle des Wassers dramatisch beeinflussen. In einem speziellen Verfahren zeigte er auf, dass positiv geladene Informationen wie Liebe und Frieden wunderschöne, klar geformte Kristallformen hervorbringen, während die Wasserkristalle auseinanderbrechen, die mit negativen Botschaften aufgeladen wurden.[26] Da der Mensch zu über 70% aus Wasser besteht, darf es nicht verwundern, dass negative Gedanken über uns selbst uns auf die Dauer tatsächlich krank machen. Der Zustand des Wassers spiegelt sozusagen den menschlichen Geist. Auf die globale Ebene bezogen, reflektiert der Zustand der Meere, Flüsse und Seen die Geisteshaltung der heutigen Menschheit. Nehmen wir die Botschaft des Wassers ernst, so sind wir aufgefordert, das Bewusstsein für unsere Gedanken zu schärfen und die negativen in positive umzupolen. Damit sorgen wir nicht nur für unser persönliches Wohlbefinden, wir tragen ebenso in einem bescheidenen, aber nicht weniger wichtigen Maße zur Erhaltung der Biosphäre unseres Planeten bei.

Erwin Laszlo, Physiker und Zukunftsforscher ging in der Beschreibung seiner Forschungsergebnisse noch einen Schritt weiter. Er stellte fest, dass unsere Gedanken im Vakuum der Materie gespeichert bleiben. Wenn wir diese Erkenntnis nicht nur als interessante Information aufnehmen, sondern auch als Tatsache in unser Leben integrieren, dann werden wir anerkennen müssen, dass mit unserer Art und Weise zu denken eine große

Verantwortung verbunden ist. Unsere negativen oder positiven Gedanken über uns, andere Menschen, Dinge und Situationen bestimmen sozusagen das geistige Feld auf unserem Planeten mit. Laszlo schreibt:

»Was wir denken und fühlen, kann unsere Mitwesen beeinflussen, und zwar nicht nur diejenigen, die uns hier und jetzt nahestehen, sondern auch diejenigen an entfernten Orten und in kommenden Generationen.«

Erwin Laszlo folgert daraus eine *»neue Dimension der Verantwortung menschlicher Wesen«*.[27]

Das Wissen um die Wirkmacht der Gedanken auf das eigene Leben ist ganz besonders in den spirituellen Traditionen lebendig, aber nicht nur dort. Der Schweizer Schriftsteller Gottfried Keller formulierte es einmal so: »Wer heute einen Gedanken sät, erntet morgen die Tat, übermorgen die Gewohnheit und endlich sein Schicksal.«

Meister und Meisterin der Gefühle

Wie sehr Gefühle unser Leben bestimmen können, habe ich selbst in eindrücklicher Weise in einem Peace Camp im serbischen Teil Bosniens erfahren. Vahidin, ein junger, bosnisch-muslimischer Mann, Leader der Gruppe, trat nach einer durchwachten Nacht auf mich zu und bat verzweifelt um Hilfe. Die Begegnung mit den Dorfbewohnern am Vorabend brachte mit großer Vehemenz das Trauma der Kriegszeit wieder in Erinnerung. Ihm saß die Angst buchstäblich im Nacken. Der sonst aufrecht gehende Mann stand am ganzen Körper zitternd und mit gekrümmtem Rücken vor mir. Seine größte Not war, in den Hass der ersten Nachkriegsjahre zurückzufallen. Dieser Zustand sei schrecklich gewesen. Feindseligkeit verbunden mit Bitterkeit über die verlorenen Jahre der Jugend habe ihn körperlich und seelisch krank gemacht. Extremsituationen decken auf, was auch im Allgemeinen gilt: Vahidin hat erfahren, was es heißt, wenn unsere Gefühle und Stimmungen zu unserem seelischen und körperlichen Wohl- oder eben auch schlechtem Befinden beitragen.

In den alten Mysterienschulen gehörte die Meisterschaft im Umgang mit den eigenen Gefühlen zum erklärten Ziel. Wir sind ihnen nicht einfach ausgeliefert, sondern können, entsprechend dem hermetischen Gesetz der Polarität, negativ gepolte Gefühle in positive umwandeln.[28] Vahidin wusste auf natürliche Weise um die Kraft der Entscheidung und der Ausrichtung auf den positiven Pol. Mit allen ihm zur Verfügung stehenden Mitteln wehrte er sich gegen das Zurückfallen in ein Leben voller Hass. Ich bewunderte seine demütige Stärke, um Verbundenheit und Zuneigung zu bitten.

Das Beispiel von Vahidin weist auf einen wesentlichen Aspekt hin: Nicht der momentane Gefühlszustand ist entscheidend, sondern die innere Entschlossenheit, negative Gefühle wie Ärger, Wut und Unzufriedenheit in einem ersten Schritt zu akzeptieren und als menschliche Reaktionen anzunehmen, dort jedoch keinesfalls stehenzubleiben. Als Nächstes geht es darum, das Bewusstsein auf den positiven Gegenpol, das Schöne und Erfreuliche des Lebens, auszurichten. Menschen, die in ihrem Alltag unter Zeitdruck und Stress arbeiten, haben es in dieser Hinsicht besonders schwer. Sie sind gefangen in den Mauern von Hektik und Druck. Es fehlt die Erfahrung von Zeitfreiheit, innerem Raum und Weite, unentbehrliche Voraussetzungen, um die kleinen, erfreuenden Wunder, die jeder Tag bereithält, überhaupt wahrnehmen zu können.

Eine einfache, jedoch nicht weniger wirkungsvolle Praxis auf dem Weg der Meisterschaft der Gefühle besteht in der Übung der Dankbarkeit. Ich selbst habe diese Lektion in einer schwierigen und dunklen Lebensphase kennengelernt. Mein damaliger geistlicher Begleiter forderte mich in einer ausweglos scheinenden Situation auf, nicht nur für die schönen Dinge im Leben zu danken, sondern gerade auch für die aktuelle schwere Zeit. Mein gesunder Menschenverstand sträubte sich zunächst gegen seine Anweisung. Doch er behielt recht. Jeden Tag, in jeder Situation innerlich Danke zu sagen, kann eine bittere Pille sein. Durch regelmäßiges Üben wird Dankbarkeit jedoch zu einer Grundstimmung, die auch durch schwere Zeiten trägt. Für mich ist die Übung der Dankbarkeit ein Allerweltsmittel: Sie führt aus inneren und äußeren Sackgassen hin zu neuen Einsichten und Perspektiven. Und sie bereitet zugleich den Nährboden für ein erfülltes, glückliches Leben. Schlussendlich ist danken auch eine einfache und wirkungsvolle Weise, »Ja« zum Leben zu sagen.

Das große »Ja«

Das »Ja« am Morgen zum neuen Tag und zu uns selbst, sozusagen in uns hineinzusprechen und bis in die Körperzellen wirken zu lassen, ist eine sehr heilsame Übung. Das einfache Wort »Ja« umfasst verschiedene Aspekte und Gewohnheiten unseres Lebens.

JA ZUM LEBEN: Es gibt Menschen, die immer wieder darum ringen müssen, ihr Leben zu bejahen und anzunehmen, dass sie überhaupt geboren sind. Irgendwie werden sie vom Leben mehr gelebt, als dass sie bewusst leben. Ihre Stimmung ist nicht selten geprägt von einer gewissen Trauer und Bitterkeit über vieles, was ungelebt und verpasst zurückblieb. Ihr tägliches »Ja« ist das große JA zum Leben überhaupt, das am Ende hineinführt in die Liebe zum Leben.

JA ZU GRENZEN UND MÖGLICHKEITEN: Andere sind unzufrieden mit ihren Eltern, ihrer Lebensgeschichte, den körperlichen Eigenschaften, den Talenten oder trauern auch um die Begabungen, die andere, jedoch sie selbst nicht haben. Im täglichen »Ja« anerkennen und würdigen sie ihre Einzigartigkeit. Damit wird ein Prozess in Gang gesetzt und täglich gestärkt, der uns für die Tiefenimpulse der Seele, unsere einzigartige Berufung öffnet. Außerdem wächst Mut und Entschlossenheit, diese Erkenntnisse dann auch im eigenen Leben umzusetzen.

JA ZUR VERANTWORTUNG: In allen Menschen wartet außerdem ein herzhaftes »Ja«, das die Trägheit überwinden hilft und uns vor Widerständen nicht verharren lässt. Es lädt uns ein, gibt den nötigen Elan und Schwung, in der Komplexität des Lebens zu schwimmen, wenn nötig auch gegen den Strom. Gleichzeitig stärkt es die Bereitschaft, Verantwortung zu übernehmen, im Sinne von Antwort geben auf die täglichen Herausforderungen des Lebens.

JA ZUM WACHSEIN: Nicht zuletzt ist dieses kraftvolle »Ja« Voraussetzung, ganz wach da zu sein und bewusst im Leben zu stehen. Es scheint

mir nicht von ungefähr, dass im Fallbeispiel das Versprechen, geistige Wachheit zu üben, vom dreimaligen »Ja« Zuigans eingerahmt ist.

Bevor Sie weiterlesen, lade ich Sie ein, »Ja« in sich hineinzusprechen
und das Wort für einen Moment nachklingen zu lassen. Loten Sie selbst
den Geschmack bzw. die Auswirkung dieses einfachen Wortes aus.

»Ganz wach! Ganz wach!«

Zuigan weckt sich mit diesem Ruf aus mehr als nur aus dem Schlaf.
Zum meisterlichen Leben gehört für ihn offensichtlich ein entschiedenes,
qualifiziertes Wachsein. Doch was heißt dies und wie finden wir Zugang zu
diesem Bewusstseinszustand?

Um es gleich vorwegzunehmen: Ganz wach zu sein, heißt im »Jetzt«
leben und dies je neu, von Moment zu Moment. Bereits zu Zuigans Zeiten
musste diese Geisteshaltung nicht so einfach zu erreichen gewesen sein. In
besonderer Weise gilt dies auch für heute. Wer nicht auf der Seite der Ver-
lierer stehen will, hat die Welt gleichsam zu erobern und Marktanteile zu
gewinnen. Zupacken, einordnen, kontrollieren, beurteilen und planen ist
gefragt. Dazu beschäftigen wir uns mit der Vergangenheit oder entwerfen
Pläne für die Zukunft und verpassen dabei die einzige Zeit, die wirklich existiert, nämlich die Gegenwart. Wir entwickeln Konzepte, entwerfen Theorien und hängen an Meinungen und Vorstellungen. Dadurch verbauen wir
uns die Möglichkeit, die Kraft des Augenblicks zu erfahren. Wir scheinen
blind für die Tatsache, dass nur in der Gegenwart Dinge wirklich geschehen.
Nur im »Jetzt« kann gedacht, gehandelt und gefühlt werden.

Wollen wir wie Zuigan wach und präsent werden, so heißt dies zunächst, die Dominanz der mentalen Intelligenz zurückzunehmen und eine Haltung einzuüben, die gleichsam absichtslos auf Empfang eingestellt ist und uns befähigt, gegenwärtig zu sein. Menschen, die alles im Griff haben wollen, im Aktivismus und Machbarkeitswahn gefangen sind (Wer kennt diese Versuchungen nicht?), fällt dies besonders schwer. Sie meinen den sicheren Boden unter den Füßen zu verlieren, wenn sie die Kontrolle und das geschäftige Tun aufgeben. Es braucht tatsächlich Mut, ein waches Leben zu führen. Das weiß auch Zuigan. Deshalb bekräftigt er die Absicht, wach zu sein, mit einem doppelten »Ja«.

Im Zen wie in allen spirituellen Traditionen führt der Weg zur Wachheit und Offenheit des Geistes über die Stille. Viele sehnen sich danach. Doch wenn es dann endlich still um uns wird, muss Stille zunächst einmal ausgehalten werden.[29] Ungereimtes, Unverdautes, die Unruhe der vergangenen Tage macht sich breit. Wer kennt nicht die Missstimmung der ersten Ferientage oder am Anfang eines Schweigekurses? Stille kann uns auch buchstäblich wecken. Es gab Zeiten, da ich in den ersten Ferientagen in den Bergen regelmäßig wach wurde. Nicht Lärm, sondern die Stille schreckte mich aus dem Schlaf auf.

Still werden und still sein bringt nicht nur den Geist zur Ruhe und in eine Wachheit, sondern auch den Körper. Dieser ist weder verspannt noch schlaff, sondern in einer guten Spannung, welche die Voraussetzung für ein gesundes, frohes und glückliches Leben ist.

»Lass dich nicht täuschen!«

Die Aufforderung, sich nicht täuschen zu lassen, bedeutet in unserem Fallbeispiel, weder der Versuchung der Nachahmung des Meisters zu verfallen noch unkritisch dem herrschenden Zeitgeist zu folgen. Alle mystischen Wege – Zen steht keineswegs allein da – befähigen uns in einer radikalen Weise, das Leben eigenständig und wahrhaftig zu führen. Abhängigkeiten von Menschen und Dingen werden entlarvt und die Freude wächst, die eigene Einzigartigkeit in den Tanz des Lebens einzubringen.

Menschen, die ihr Leben in der Weise gestalten, dass sie weder einem Meister oder Guru hinterherlaufen noch sich vom herrschenden Zeitgeist bestimmen lassen, werden im Laufe der Zeit widerständig und nicht mehr leicht einzuordnen. Ihre Bereitschaft, auf die vertraute, heimelige (Schaf-) Herde zu verzichten, macht sie frei und unabhängig.

»Nein! Nein!«

Wie das »Ja« in diesem Fallbeispiel, so spricht auch das »Nein« verschiedene Dimensionen unseres Lebens an. In jedem Fall gilt: Ein Nein grenzt ab, wirkt jedoch, je nach innerer Haltung, entwicklungsfördernd oder entwicklungshemmend.

Das alltägliche Nein kann uns helfen, das Hängenbleiben in negativen Impulsen und Gefühlen zu beenden und das Kreisen in unproduktiven Gedanken zu stoppen. Damit wird es zum Hilfsmittel, ganz in den Moment zu kommen, wo wir uns neu entscheiden und positiv ausrichten können.

Es gibt auch »Neins«, die sich destruktiv und zerstörerisch auswirken. Ich denke beispielsweise an jene Situation, in der wir uns aus der Verbundenheit herauslösen und uns innerlich abschneiden von Menschen, die uns verletzt haben. Wir schaden uns damit schließlich selbst. Unser Herz verhärtet sich, wir büßen Leichtigkeit und Freude ein. Der Körper verspannt sich und unser Geist verliert Lebendigkeit und den Zugang zur Kreativität.

Auch das Verharren in der Trägheit ist eine Form, das Leben zu verneinen. Das dunkelste »Nein« liegt wohl in der Weigerung, dem Leben zu dienen. Diese Haltung kann großes persönliches und kollektives Leid verursachen, insbesondere durch Menschen in machtvollen Positionen.

Auf dem Weg der Selbstwerdung sind viele »Neins« notwendig. Wer sie nicht wagt, bleibt ein Leben lang ein »Muttersöhnchen« oder »Vatertöchterchen«. Ein großes »Nein«, das manchmal auch schmerzt und unbequem ist, kann ein »Ja« zu sich selbst bedeuten. Auch Trennungen gehören dazu. So bitter und hart sie auch sein mögen, sie sind bisweilen unumgänglich, um mehr wir selbst werden zu können. In diesem Sinne heißt ein mutiges, verbundenes »Nein« ein kraftvolles »Ja« zum Leben.

Gleichsam unter dem Auge des Lehrmeisters Zuigan haben wir verschiedene Aspekte eines meisterlich geführten Lebens betrachtet. In seinem Sinne meisterlich zu leben heißt Verantwortung tragen, indem wir selbstbewusst und verbunden mit allem, was ist, antworten auf die Erfordernisse jeden Tages.

Authentisch leben lernen

Es lohnt sich, über folgende Fragen einmal gründlich nachzudenken, ob Sie nicht vielleicht doch eine bewundernswerte Person insgeheim nachahmen oder dem sogenannten Zeitgeist aufsitzen.

- Welche Personen idealisieren Sie?
- Wie haben Sie die besonderen Qualitäten in Ihrem Leben verwirklicht?
- Richten Sie sich nach dem Zeitgeist?
- Wie würden Sie diesen charakterisieren?
- Und wie sind Sie von ihm geprägt?

Wie könnte es anders sein, als dass ich zu guter Letzt die Anregung von Meister Zuigan wiederhole:

Rufen Sie sich jeden Tag Meister oder Meisterin. Verbinden Sie diesen Ruf mit Ihrem Namen, zum Beispiel »Meister Paul«, »Meisterin Ursula«. Und antworten Sie mit einem herzhaften, entschiedenen »Ja«.

»Eine Frau kommt
        aus dem Samadhi«

Oder:

Die Einsicht erfüllt sich
    im Tun

Einst, zur Zeit des Welt-Erhabenen, kam Manjushri einmal an
den Ort, wo alle Buddhas versammelt waren, und sah, wie sie sich
alle wieder zu ihren ursprünglichen Wohnstätten zurückbegaben.
Eine junge Frau jedoch blieb allein zurück und saß im Samadhi
nahe bei Buddhas Thron. Manjushri fragte Shakyamuni Buddha:
»Warum kann diese Frau so nahe bei Buddhas Thron verweilen,
während ich das nicht kann?«
Der Buddha sagte: »Weck' sie doch auf, lass sie herauskommen
aus dem Samadhi und frage sie selbst!«
Manjushri ging dreimal um die Frau herum, schnalzte einmal mit
den Fingern, trug sie zum Brahman-Himmel empor und wandte
alle seine übernatürlichen Kräfte an, ohne sie aus der Versenkung
herausholen zu können.
Da sagte der Welt-Erhabene: »Sogar hundert oder tausend
Manjushris können diese Frau nicht aus dem Samadhi herausholen. Aber da unten, zwölf Millionen Länder weiter, unzählbar
wie die Sandkörner des Ganges, weilt Bodhisattva Momyo.
Der wird sie aus dem Samadhi herausholen können.«
Sogleich sprudelte Bodhisattva Momyo aus der Erde hervor
und verneigte sich vor dem Welt-Erhabenen, der ihm den Befehl
erteilte. Der Bodhisattva trat vor die Frau und schnalzte mit
den Fingern. Auf der Stelle kam die Frau aus dem Samadhi
heraus.

Es war einmal ...

Diese Geschichte stammt ursprünglich aus einer indischen Sammlung von Lehrreden des Buddhas, dem »Sutra der gesammelten Wesensaussagen aller Buddhas«[30] . Sie beginnt wie ein Märchen: Es war einmal ... Vor langer, langer Zeit trafen sich alle Buddhas in einem weit über allen Bergen liegenden Land, das nicht zu unserem Sonnensystem gehört, um über ihr wichtigstes Thema zu beraten: Welche Möglichkeiten stehen offen und welche Maßnahmen sind zu treffen, um alle Lebewesen darin zu unterstützen, den höchsten WEG zu erlangen? Shakyamuni Buddha, Manjushri, eine Frau und Momyo, der »Held« in der Geschichte, spielen die Hauptrollen. Sie stehen sich wie Pole gegenüber und spannen damit gleichsam einen Bogen über das Geschehen.

Obwohl Bodhisattva Manjushri als Weisheitslehrer der Buddhas gilt, konnte er an der Versammlung nicht teilnehmen. Denn dazu waren ausschließlich Buddhas eingeladen. Ein Konflikt scheint hier bereits vorprogrammiert. Um Shakyamuni Buddha wieder einmal zu treffen, musste er sich bis zum Ende der Konferenz gedulden. Doch da erwartete ihn eine Überraschung. Während sich alle anderen Buddhas auf den Heimweg begaben, blieb eine in Meditation versunkene Frau in der Nähe von Buddhas Sitz zurück. Nun wird die Spannung offensichtlich: Er selbst – ein erhabener Weisheitslehrer – war nicht zur Versammlung eingeladen, während eine Frau dabei gewesen sein musste. Sein Unmut wird verständlich, wenn wir einbeziehen, dass in früheren Zeiten auch in asiatischen Ländern die Frau als unrein und unwissend galt. Ihr Verhalten, in der Nähe eines Buddhas zu sitzen, war unzulässig, bestenfalls unverschämt. Die Situation durfte

Manjushri nicht einfach hinnehmen und als von »oben« gesetztes Faktum stehen lassen.

Ein zweites Ereignis erstaunt in dieser Geschichte. Als Lehrer der Buddhas und Symbol für die absolute Weisheit vermochte Manjushri die Frau nicht aus der Meditation zu wecken, während Momyo, ein Anfänger auf dem Weg, dies ohne Schwierigkeiten schaffte. In dieser Geschichte scheint vieles auf dem Kopf zu stehen und menschliches Maß, traditionelle Rangordnungen sowie Urteilsvermögen außer Kraft gesetzt zu sein.

Arhat und Bodhisattva – Vertreter der Kontemplation und Aktion

Bevor ich näher auf das Fallbeispiel eingehe, will ich die Bodhisattvas Manjushri und Momyo – Ideale der nordostasiatischen Länder – sowie Arhat, ihren Gegenspieler in der südlichen Schule des Buddhismus, vorstellen. Von der Begegnung mit diesen Gestalten und ihrer Botschaft können wir Impulse für unseren Alltag gewinnen. Sie sind so etwas wie Archetypen für das kontemplative und aktive Leben.

Arhat gilt als das höchste Ideal im Buddhismus Süd- und Südostasiens. Er ist es, der allein im Universum wandelt. Das All-Eins-Sein charakterisiert seine tiefste Erfahrung. Er ist allein und weiß zugleich, dass er mit allem verbunden ist.

Bodhisattva, das Ideal in den nordöstlichen Ländern, lebt den anderen Aspekt der Wahrheit. Er verzichtet zugunsten der Mitmenschen auf seinen eigenen Vorteil. Ganz der Mitmenschlichkeit verschrieben setzt er alles, was ihm zur Verfügung steht – Mitgefühl und Kraft –, zum Wohle aller ein.[31]

Menschen, die nach Meisterschaft in der eigenen Lebensführung und im Leiten von Menschen und Institutionen suchen, tun gut daran, beide Aspekte zu kultivieren: das All-Eins-Sein des Arhat verbunden mit der Bereitschaft, ein gewisses Maß an Einsamkeit zu ertragen, *und* die Solidarität mit den anderen im Geiste des Bodhisattva, verbunden mit dem entsprechenden Engagement.

»Arhat« lädt uns ein, im Alltag Nach-Denk-Pausen einzuschalten, während »Bodhisattva« uns auffordert, immer das Wohl der anderen, das immer auch die eigene Person mit einschließt, im Auge zu behalten. Menschen mit einem großen Arbeitspensum, haben meistens kaum Zeit für das Allein-Sein. Dass dies nicht so sein muss, zeigen Zeugnisse von Menschen, bei denen wir es am wenigsten erwarten. So erwiderte ein Geschäftsführer eines großen Unternehmens auf die Frage, wie er zu einer gesunden Work-Life-Balance finde, dass er sich jeden Tag um die Mittagszeit eine Stunde Brachzeit gönne. In dieser Zeit halte er die Bürotür geschlossen. Seine Mitarbeitenden wissen, dass er nicht gestört werden möchte. Die Beine auf dem Tisch erlaube er sich unproduktiv zu sein, weder etwas Gescheites zu denken noch Notizen zu machen. Das sei eine der wichtigsten Stunden am Tag. Seine Effizienz und Effektivität nehme nach dieser Pause wieder zu und obendrein gewinne er an Lebensqualität. Er tanke Ruhe und finde wieder Zugang zur Menschenfreundlichkeit, was nach einem gestressten, anspruchsvollen Morgen für alle – Kunden, Mitarbeiterinnen und Mitarbeiter und ihn selbst – nutzbringend und förderlich ist.

Die Atempause im Arbeitsalltag braucht nicht eine Stunde zu dauern. Es reicht aus, wenn wir uns zwischendurch zurücklehnen, die Beschäftigung loslassen und für ein paar Atemzüge die Aufmerksamkeit nach innen richten. Einfache Übungen am Ende des Kapitels geben Impulse für diese kurze Erholung und innere Erfrischung.

Im Blick auf die globale Situation von Erde und Menschheit eröffnen Arhat und Bodhisattva neue Perspektiven. Verankert in der großen Stille und in der All-Verbundenheit werden uns Lösungsansätze für die grenzüberschreitenden Probleme, die wir mit dem logisch rationalen Verstand nie erarbeiten könnten, sozusagen zufallen. Auch wenn Sie als Lesende nicht in global-verantwortlichen Positionen arbeiten, sind alle Impulse, die aus dieser verbundenen Tiefe auftauchen und für deren Umsetzung wir Sorge tragen, für den Fortgang der Geschichte der Menschheit auf unserem Planeten von entscheidender Bedeutung.

Manjushri und Momyo – zwei ungleiche Brüder

In diesem Fallbeispiel wird das erfolglose Tun von Manjushri der wirkungsvollen Tat von Momyo gegenübergestellt. Der eine lebt in der erhabenen Welt der Weisheit, in der es weder Subjekt noch Objekt gibt, auch kein Aufstehen und Wachwerden. Der andere symbolisiert die Welt der Unterschiede, in der Raum und Zeit existieren und alle Aktivitäten wie sitzen, aufstehen, kommen und gehen ausgeführt und erledigt werden. Manjushri und Momyo verkörpern zwei Aspekte der Wirklichkeit. Darin liegt der Schlüssel zur Lösung dieses Koans in der Schulung des Zen.

Jedes Fallbeispiel darf, ja muss auch im Kontext der jeweiligen Zeit-situation und der persönlichen Lebensumstände gedeutet werden. So blei-ben sie immer neu und vermögen über Generationen hinweg Menschen in ihrem Leben zu inspirieren. Hier zeigen die hohe, erhabene Gestalt des Manjushri und seines Gegenspielers, des einfachen, unerleuchteten Mo-myos, eine Spannung auf, die sich heute etwa zwischen einem einfachen Bauarbeiter und einem hoch dotierten Management-Guru, zwischen einem älteren, langsamer gewordenen Menschen und einem jungen, aufstre-benden Universitätsabsolventen widerspiegelt. In dieser Geschichte wird die allgemein übliche Rangordnung entsprechend der gesellschaftlichen Stellung und dem öffentlichen Ansehen durcheinandergebracht. Und das ist gut so. Lassen auch wir uns von Momyo und Manjushri berühren, so sind wir eingeladen, unser Bewertungssystem zu überdenken. Dazu fordert manchmal auch die Begegnung mit älteren Menschen auf, die wie Kinder die Dinge ungeschminkt und direkt beim Namen nennen. Meine Mutter – sie war zu der Zeit 86 Jahre alt – überraschte mich einmal bei einem Besuch mit der Bemerkung, dass sie sich jeden Morgen frage, was heute ihre Auf-gabe für den Planeten sei.

Sie bemerkte verschmitzt lachend, dass sie nicht mehr so aktiv wie ich sein könne, jedoch seien ihre Gedanken von entscheidender Bedeutung. Sie schien über deren Wirkmacht bestens Bescheid zu wissen. An diesem Morgen schenkte sie mir liebevoll eine unvergessliche Lektion. Ob alt oder jung, dynamisch oder verlangsamt, weniger oder mehr erfolgreich – jeder Mensch ist wichtig. Er trägt mit seinen Gedanken und mit seinem Tun zur Entwicklung der Welt bei – ob die Dinge sich zum Guten wenden oder nicht.

Lassen wir uns auf Manjushri und Momyo ein, so lehren sie uns, Wissen und Weisheit zu entfalten, gleichermaßen zu achten und gleichzeitig das unscheinbare, alltägliche Tun nicht gering zu schätzen. Sie weisen aber ebenso auf die Volksweisheit hin, die lautet: Wenn zwei dasselbe tun, ist es nicht das Gleiche. Diese Tatsache trifft insbesondere auf Personen zu, die in Führungsverantwortung stehen. Ihr Fehlverhalten und ihre Inkompetenz haben weitreichendere Konsequenzen als die von Mitarbeitenden. Sie stehen deshalb schneller im Kreuzfeuer der Kritik. Das Umgekehrte trifft ebenso zu. So wird beispielsweise die Wertschätzung einer vorgesetzten Person höher gewichtet als die eines Mitarbeitenden auf derselben Hierarchiestufe. Das ist mehr als nur schade.

Manjushri und die Frau – für eine Kultur der Partnerschaft von Mann und Frau

Ich schätze das Fallbeispiel, »eine Frau kommt aus dem Samadhi«, besonders, da es eines der seltenen ist, in dem eine Frau überhaupt vorkommt. Obwohl sie keine aktive Rolle spielt, provoziert ihr Verhalten sogar den Weisheitslehrer Manjushri zu der sehr menschlichen Frage: »Warum kann diese Frau so nahe bei Buddhas Thron verweilen, während ich das nicht kann?«

Diese Frage spielt auf ein Thema an, das in der heutigen Zeit vielfältig und vielstimmig diskutiert wird, nämlich die Stellung der Frau (und mit ihr notabene auch die des Mannes!) im Patriarchat, dessen Höhepunkt wir mindestens in unserem Kulturraum überschritten haben. Wohlgemerkt, an der Rollenteilung und der verhängnisvollen Polarisierung der Geschlechter waren Männer wie Frauen gleichermaßen beteiligt. Die Rollenaufteilung bildete sich vor mehreren Tausend Jahren in einer Zeit heraus, als der Ackerbau das Leben der Menschen zu bestimmen begann und die Arbeit mit dem Pflug für schwangere Frauen zu riskant und daher zur Männersache wurde. Dies war nicht nur eine vernünftige, sondern auch notwendige Entscheidung. Sie stand ganz unter dem Zeichen der Arterhaltung. Die Hauptrolle des Mannes war die des Ernährers, die Hauptfunktion der Frau galt der Reproduktion. Als Konsequenz fingen die Männer an, den öffentlichen Raum für sich in Anspruch zu nehmen: Politik, Wirtschaft, Wissenschaft und Religion. Die Frauen wiederum zogen sich in die Privatsphäre zurück und wurden zuständig für Haus, Herd und Kinder.

Seit Beginn der Industrialisierung jedoch entstand mit der Verlagerung der Produktion von der physischen Kraft des Mannes auf die Maschine eine völlig neue Situation. Die Aufgabenteilung und die damit verbundenen sozialen Strukturen werden mehr und mehr infrage gestellt – zunächst von Frauen, aber immer öfter auch von Männern. Männerdomänen fallen. Es gibt kaum noch einen Beruf, der nicht auch Frauen offensteht. Und immer häufiger werden die Unterschiede zwischen Mann und Frau kritisch beleuchtet. Niemand weiß heute so richtig, was das Wesen des Mannes und der Frau auszeichnet. Vor 50 Jahren konnten noch ganz einfache und eindeutige Antworten gefunden werden, die sich auf die Aufgaben- und Rollenteilung von beiden Geschlechtern bezogen. Heute suchen Männer und Frauen nach der geschlechtsspezifischen Verschiedenheit und Einzigartigkeit, nach neuen Formen der Partnerschaft in Freundschafts- und Liebesbeziehungen, aber auch in der Zusammenarbeit am Arbeitsplatz.

Im Jahr 1993 hat das Parlament der Weltreligionen in Chicago u.a. genau diese Fragen thematisiert. Als Antwort auf die Herausforderungen unserer von Krisen geschüttelten Zeit haben die Vertreterinnen und Vertreter der verschiedenen Religionsgemeinschaften in Anlehnung an die Vorarbeit von Hans Küng über eine Erklärung zum Weltethos beraten und sie dann verabschiedet. Noch immer staune ich darüber, dass eine der vier grundlegenden und unverrückbaren Weisungen die Beziehung von Mann und Frau betrifft. Sie lautet: »Verpflichtung auf eine Kultur der Gleichberechtigung und die Partnerschaft von Mann und Frau.«[32] Die Autoren hatten die Vorherrschaft des männlichen Geschlechts, die Ausbeutung der Frau, den sexuellen Missbrauch von Kindern und die erzwungene Prostitution – die »verdammenswerten« Formen des Patriarchats im Blick. Sie gehen in ihrer Aussage sogar so weit, dass es keine wahre Menschlichkeit gebe ohne partnerschaftliches Zusammenleben. Ohne Zweifel, in der Umsetzung dieser Verpflichtung liegt noch ein langer Weg vor uns.

Pia Gyger und Niklaus Brantschen lancierten ein Projekt in diese Richtung. In dem von ihnen 1995 gegründeten Lassalle-Institut gestalteten sie die Leitung in struktureller Partnerschaft. Beide brachten jahrelange Führungserfahrung mit. In der gemeinsamen Leitung des Instituts betraten sie jedoch persönliches Neuland. Zur Vorbereitung zogen sie sich für ein paar Tage in einem Retreat zurück. Dort zeigten sie sich ihre Hoffnungen und Ängste, ihre Lernbereitschaft und -ziele. Gleichzeitig erarbeiteten sie sich Grundsätze für die Gestaltung der strukturellen Partnerschaft, vom offiziellen Auftritt bis zum Unterschreiben von Briefen und Dokumenten, vom Leiten von Sitzungen bis zur gegenseitigen Nennung, wenn eine/r von ihnen abwesend war. Die Öffentlichkeit, insbesondere Medienschaffende, taten und tun sich immer noch schwer, beide Namen als Mit-Gründer und -Gründerin zu nennen. Nur wenige Veranstalter machen es möglich, beide gemeinsam vortragen zu lassen. Noch immer erinnere ich mich an die Frage einer aufgebrachten Kursteilnehmerin: »Wer ist hier eigentlich der Kopf?« Andere wiederum sprachen entweder allein dem Mann oder dann nur der Frau die entsprechende Kompetenz zu. Aber immer mehr Menschen sehen in einem Partnerschaftsmodell struktureller Art, wie es Niklaus Brantschen und Pia Gyger erarbeitet haben und leben, ein Zeichen der Hoffnung für unsere Zeit.

Strukturelle Partnerschaft einzuüben ist ein Prozess, in dem beide Geschlechter alte, eingefleischte Rollenmuster loszulassen haben. Doch die Mühsal lohnt sich, denn beide erlösen sich gegenseitig aus den überholten Mustern, Begrenzungen und Lasten des Patriarchats. Sie leben in der Verheißung, den Geschlechterkampf zu beenden, sich gegenseitig von alten Wunden zu heilen, sich zu inspirieren und den neuen Mann und die neue Frau zu entwickeln.

Einheit, Verschiedenheit und Einzigartigkeit – eine Kernaussage dieses Fallbeispiels

Aus der Perspektive des Zen bilden alle Gestalten, denen wir in diesem Fallbeispiel begegnet sind, eine Einheit. In der Essenz, in ihrem Wesen sind sie eins; in ihrer Manifestation sind sie jedoch verschieden. Auf dem Weg des Zen – und im Leben – können wir lernen, diese Verschiedenheit zu würdigen und in ihr sogar die Einzigartigkeit zu entdecken.

Die Erfahrung von Einheit, Verschiedenheit und Einzigartigkeit gehört neben den drei Formen der Intelligenz (IQ, EQ und SQ) und dem nachhaltigen Handeln auf individueller, institutioneller und globaler Ebene zu den Grundelementen des »Lassalle-Institut-Modells«®.[33]

Die ganzheitlich entfaltete Intelligenz lässt uns die Grundstruktur des Lebens als Einheit, Verschiedenheit und Einzigartigkeit erkennen. Wie verschieden sind Mitglieder einer Familie, eines gut funktionierenden Teams oder eines Unternehmens! Und trotzdem oder gerade deshalb bilden sie eine Einheit oder können zu einer solchen zusammenwachsen und sich als Einzelne und als Ganzes in ihrer Einmaligkeit und Einzigartigkeit entfalten.

In der heutigen Zeit besteht allgemein, im privaten wie im beruflichen Alltag, ein Ungleichgewicht in der Wahrnehmung, Gewichtung und Ausprägung der Grundstruktur des Seins. Wir leben und arbeiten nicht im Gleichklang mit der Grundmatrix des Lebens. In unserem Kulturraum wird die Verschiedenheit und mit ihr die Individualisierung überbetont. Der Preis, der dafür bezahlt wird, ist hoch. Auf der persönlichen Ebene drohen Vereinsamung und Depression, am Arbeitsplatz Machtkämpfe und Schnittstellenprobleme zwischen Personen, Abteilungen und Unternehmen. Dieses Ungleichgewicht führt zu Spannungen, gewalttätigen Auseinandersetzungen und endet zwischen Völkern und Nationen manchmal auch in Kriegen.

Trotz der Sehnsucht nach Verbundenheit und Gemeinschaft macht Nähe Angst. Eigenständigkeit, Identität und Freiheit auf der persönlichen wie nationalen Ebene könnten eingebüßt werden. Nicht nur die Sehnsucht nach Zugehörigkeit, auch der Wunsch, in seiner Einzigartigkeit gesehen zu sein, gehört zu den universellen Grundbedürfnissen des Menschen. In seiner Einmaligkeit erkannt zu werden, ist Geschenk und abhängig von einem »Du«, einem Menschen, der uns freundschaftlich verbunden ist. Erst in einer Beziehung, die herausfordert und fördert, schälen wir unsere Einzigartigkeit, phasenweise auch in schmerzhaften und konfliktreichen Prozessen, heraus. Bleiben wir trotz der Schwierigkeiten verbunden, werden wir in unserer unverwechselbaren Einmaligkeit immer tiefer erkannt.

Es gibt nichts Gutes ...

Fragen zur Standortbestimmung

- Gehören Denkpausen zu Ihrem Alltag? Was können Sie tun, um ihren Stellenwert im Tagesablauf zu stärken?

- Wagen Sie, im Sinne des Arhat-Ideals allein zu stehen? Nehmen Sie die Verbundenheit in dieser Einsamkeit trotzdem noch wahr?

- Wie setzen Sie das Ideal des Bodhisattva um, allen Lebewesen – inklusive Ihnen selbst – zu dienen?

- Wie halten Sie es persönlich mit der Gleichberechtigung von Mann und Frau? Leiten Sie in Ihrem Unternehmen Schritte ein, um eine Kultur der Gleichberechtigung und Partnerschaft von Mann und Frau zu realisieren? Welche?

- Sind Sie geneigt, Ihren Familienalltag, Ihr Team, Ihre Abteilung oder Ihr Unternehmen nach den Gesichtspunkten von Einheit, Verschiedenheit und Einzigartigkeit zu überprüfen?

Übungen zur Entschleunigung

Die folgenden kurzen und einfachen Übungen helfen, den hektischen Alltag zu entschleunigen. Obwohl sie nicht viel Zeit brauchen, haben die Übungen eine große Wirkung, wenn sie zum täglichen Programm gehören.

❧ **Drei Stops mit fünf Atemzügen**
Erlauben Sie sich im Tagesablauf dreimal kurz innezuhalten und ganz bewusst fünf Atemzüge zu zählen. Danach fahren Sie mit Ihrer Beschäftigung fort.

❧ **Selbst-Entschleunigung**
Entschleunigen Sie Ihren Bewegungsrhythmus einmal pro Tag bewusst. Gehen Sie den Gang, die Treppe bewusst langsamer als üblich hinauf oder hinunter.

❧ **Innerer Empfang**
Stellen Sie Ihre Wahrnehmung, Ihre inneren Antennen, bewusst auf achtsamen Empfang. Lassen Sie für diese kurze Zeit alle Versuche los, die Dinge ordnen zu wollen. Vertrauen Sie darauf, dass die Ordnung sich von innen her zeigt und Sie wissen, was als Nächstes zu tun ist.

»Vorwärtsgehen von
der Spitze einer Stange«

Oder:

Geh den weglosen Weg

百尺竿頭進

Meister Sekiso sagte: »Wie willst du von der Spitze

einer hundert Fuß hohen Stange vorwärtsgehen?«

Ein anderer berühmter Altmeister sagte:

»Auch wenn einer sitzend auf einem hundert Fuß hohen

Mast Erleuchtung erfahren hat, ist es noch nicht

die vollständige Sache. Er muss von der Spitze des Mastes

vorwärtsgehen und seinen ganzen Körper

in den zehn Richtungen des Weltalls deutlich zeigen.«

Sekiso und die Geschichte von der Spitze der Stange

Auf dem Berg Sekiso in Südchina gab es ein Zen-Kloster, dessen Äbte einer nach dem anderen Sekiso genannt wurden. So ist die Autorenschaft des obigen Textes nicht definitiv geklärt, doch allgemein wird angenommen, dass der Meister in dieser Geschichte Sekiso Soen hieß und um die Jahrtausendwende lebte. Mit 22 Jahren zum Mönch geweiht, pilgerte auch er einige Jahre und suchte viele bekannte Meister auf. Obwohl er für einen Zen-Meister früh starb, hatte er großen Einfluss auf die chinesische Zen-Tradition. Zwei seiner Nachfolger gründeten eigene Schulen; eine davon, das Rinzai Zen, überlebte bis in die heutige Zeit. Auch Meister Mumon, der den *Mumonkan*, eine Sammlung berühmter Zen-Geschichten zusammenstellte, sowie Meister Hakuin, dem wir in der ersten Zen-Geschichte mit der Tempelglocke begegnet sind, gehören in diese Linie.

An diesem Fallbeispiel lässt sich wunderbar zeigen, wie sich Koans über einen längeren Zeitraum von Meister zu Meister entwickelt haben. Im Satz: »Wie willst du von der Spitze einer hundert Fuß hohen Stange vorwärtsgehen?« nimmt Sekiso ein zu seiner Zeit beliebtes Sprichwort auf, das aus einer längeren Geschichte stammt. Darin wird von zwei Mönchen berichtet, die bei Meister Nansen übten. Nachdem sie selbst Meister geworden waren, übernahm der eine die Leitung eines großen Zentrums, während der andere sich in eine Einsiedelei zurückzog. Nach Jahren wollte der Zentrumsleiter wissen, wie es seinem früheren Kollegen ging, und schickte dazu einen Mönch in die Klause. Ganz im Stile des Zen ließ er diesen folgende Fragen überbringen: »Was war, als ihr unseren Meister noch nicht gesehen hattet?« Der Einsiedler reagierte nicht darauf, sondern blieb einfach schweigend sitzen. Die zweite Frage: »Was war, nachdem ihr ihn gesehen hattet?«, beantwortete er mit: »Nichts Besonderes!« Als der Mönch zurückkehrte und die Antwort des Eremiten überbrachte, kommentierte der Zentrumsleiter den Bericht mit der Frage: »Wie willst du von der Spitze einer hundert Fuß hohen Stange vorwärtsgehen?« Ein späterer Meister fügte dann einen weiteren, den ersten interpretierenden Satz dazu. Insgesamt haben somit an der endgültigen Fassung dieses Fallbeispiels drei Generationen gearbeitet: die beiden Meisterkollegen, von denen eben die Rede war, sowie Sekiso und ein anderer Meister, dessen Namen wir nicht kennen.

Grenzenlos frei und gefordert

Dieses Fallbeispiel behandelt – ganz im Geiste des Zen – wiederum zwei Aspekte des Weges, nämlich die Erfahrung der Leere bzw. Unendlichkeit und die Aufforderung, nicht an dieser Erfahrung hängen zu bleiben. Yamada Roshi schreibt dazu in seinem Kommentar:

> *»Du wirst erfahren, dass du einzig und allein in und mit dem ganzen Universum dastehst und nun fähig sein sollst, alles in absoluter Freiheit auf positive Weise anzugehen.«*[34]

Er spricht vom Menschen mit einem erwachten kosmischen Selbstbewusstsein. Dieses führt in eine umfassende Freiheit und schafft die Basis für eine positive Lebenseinstellung, in der wir mit einer gewissen Leichtigkeit die Aufgaben des Alltags anpacken.

Das Fallbeispiel lädt uns zudem ein, mehr noch, es fordert uns geradezu heraus, uns im Horizont jeder Zeit- und Lebenssituation der Frage anzunehmen, was es konkret heißt, vorwärtszugehen in die zehn Richtungen des Weltalls. Menschen, die heute bereit sind, Verantwortung mitzutragen, kommen nicht darum herum, im Sinne dieses Fallbeispiels den Blick zu weiten und in ihren Antworten auch folgende Tatsachen zu berücksichtigen:

- ❧ Die Fülle des Wissens nimmt täglich zu.
- ❧ Die Nationalstaaten und das internationale Recht halten mit der Globalisierung der Märkte nicht mehr Schritt.
- ❧ Die technologische Entwicklung ermöglicht in der Jetzt-Zeit Gespräche zwischen Menschen, die über Tausende von Kilometern voneinander entfernt leben.
- ❧ Die weltweiten Arsenale der Massenvernichtungswaffen tragen das Potenzial der Zerstörung der Biosphäre und damit der Lebensgrundlage der Menschen tausendfach in sich.
- ❧ Die Erderwärmung wird gewaltige Flüchtlingsströme schaffen. Diese »Vertriebenen« können nie mehr rückgeführt werden, da ihr Land vom Meer sozusagen verschlungen wurde.

Diese Liste ließe sich beliebig fortsetzen. Mit jeder weiteren Ergänzung stellt sich die Frage immer brennender: In welche Dimensionen führt heute und erst recht morgen unsere Verantwortung? Übersteigen die Herausforderungen und Aufgaben nicht das menschliche Maß um ein Weites?

Wie können wir ihnen gewachsen sein, ohne daran zu zerbrechen oder uns in einer »no-future«-Haltung innerlich zu verabschieden?

Zwei Forscher haben mich in den letzten Jahrzehnten inspiriert, die »zehn Richtungen des Weltalls« meines Lebens und Arbeitens im Horizont der heutigen Zeitsituation auszuloten. Ken Wilber und Pierre Teilhard de Chardin ermutigen, unser Handeln im großen Prozess der Evolution zu verstehen und in Freiheit und Freude mitzuwirken.

Der Blick für das Ganze: Ken Wilber

Im Versuch, eine umfassende Theorie der Wirklichkeit zu entwickeln, systematisierte Ken Wilber die Welterfassung und Weltsicht der verschiedenen Disziplinen von Natur- und Geisteswissenschaften in den vier Quadranten des Kosmos.[35] Jeder Quadrant repräsentiert einen Zugang zur Wirklichkeit mit dem ihm eigenen, charakteristischen Deutungsmuster. In der Vergangenheit und auch noch heute werden heftige Kämpfe ausgefochten, welche der Sichtweisen die »wissenschaftliche« sei und damit auch allei-

INDIVIDUELL	Selbst-kompetenz	fachliche Kompetenz
	INNEN	**AUSSEN**
KOLLEKTIV	sozio-kulturelle Kompetenz	strukturelle Kompetenz

nigen Wahrheits- und Gültigkeitsanspruch habe. Im Wissen darum, dass alle Aspekte sich gegenseitig beeinflussen und nicht aufeinander reduziert werden können, steht ein neues Paradigma an, welches die verschiedenen Zugänge zur Wahrheit gleichermaßen wertschätzt: die individuelle und kollektive Innensicht der Dinge sowie die individuelle und kollektive Außensicht der Welt.

Der Quadrant oben links repräsentiert die individuelle Seite der Wahrheit wie Körperwahrnehmung, Symbole, Bewusstsein; jener unten links den soziokulturellen Weltinnenraum mit den entsprechenden Werten und der inneren Dynamik gesellschaftlicher Prozesse. Der Quadrant oben rechts betrifft die äußeren, individuellen Erscheinungsformen wie Verhalten, Wahrheit, fachliche Kompetenz, während jener rechts unten die Sozialsysteme, ihre Strukturen und Prozesse beschreibt.

»Vorwärtsgehen in den zehn Richtungen des Weltalls« heißt aus der Sicht von Wilber, allen Sichtweisen und Perspektiven in Freiheit und Offenheit zu begegnen und Einheit in aller Verschiedenheit wahrzunehmen, ohne diese allzuschnell zu harmonisieren oder verschiedene Weltanschauungen synkretistisch zu verschmelzen. Für Menschen, die sich der Verantwortung stellen, könnte dies bedeuten: kontinuierlich in der Selbsterkenntnis voranzuschreiten (Selbstkompetenz); den Dialog zwischen Personen, Gruppen und Völkern wie auch eine bestimmte Wertekultur in Familie, Unternehmen und sozialen Gemeinschaften zu fördern (soziokulturelle Kompetenz); zu einem lebenslangen Lernen bereit sein (fachliche Kompetenz) sowie Strukturen und Prozesse immer wieder zu optimieren und die dazu notwendigen Erneuerungen und Veränderungen zu bejahen und je neu mutig einzuleiten (strukturelle Kompetenz).

Auch in der Auseinandersetzung mit den Konsequenzen von Wilbers Sicht mag die Frage auftauchen, wie wir alle Aspekte der Wirklichkeit gleichermaßen berücksichtigen, ohne uns dabei zu überfordern oder an den eigenen Ansprüchen zu scheitern. Vertrauten wir in diesem Versuch allein auf den logisch-rationalen Verstand, bliebe auch dieses Modell kraftlos, böte bestenfalls Stoff für interessante Diskussionen. Wilber selbst regt an, die Aufmerksamkeit vermehrt von außen nach innen zu richten und sich, neben der Beschäftigung mit der materiellen Außenwelt, auch der Entwicklung der eigenen Seele zuzuwenden, ohne dabei den Blick für das Ganze zu verlieren.

In der Beschäftigung mit diesem integralen Ansatz und der Frage nach Möglichkeiten der Umsetzung für den Führungsalltag leuchtete mir eine einfache Erkenntnis auf. Es scheint nicht zufällig, dass Wilber für die Darstellung der Quadranten des Kosmos das archetypische Symbol des Kreuzes zeichnet. Im Kreuz liegt eine uralte Weisheit und Kraft verborgen, die dann lebendig wird, wenn wir uns darauf einlassen. Es ist genauso wenig ein Zufall, dass auch das Herz als kraftvollstes Organ des Menschen durch die Aufteilung in vier Kammern den Schnittpunkt des Kreuzes aufweist. Das gut trainierte Gehirn schafft es nicht allein. Erst die entfaltete Intelligenz des Herzens ist fähig, die einzelnen Perspektiven und Weltanschauungen in ihrer Verschiedenheit zu erkennen und in ihrer Einzigartigkeit zu würdigen.

Es gibt verschiedene Wege, die Intelligenz des Herzens zu entwickeln und zu fördern. Eine einfache Form liegt in der Entfaltung der Sinne des Herzens. Sie eignet sich für Jung und Alt, Gebildete und Ungebildete.

Antoine de Saint-Exupéry prägte im Buch vom Kleinen Prinzen das wohlbekannte Wort: »Man sieht nur mit dem Herzen gut, das Wesentliche ist für die Augen unsichtbar.« Was für die Augen gilt, trifft ebenso geheimnisvoll für die Ohren, den Mund und auch das Gehirn zu. Hören wir mit den Ohren des Herzens, so wird jedes Geräusch zum Klang, der uns für unsere eigene Tiefe öffnet. Der Atem vertieft sich, wird bewusster wahrgenommen, wobei sich der Körper entspannt. Wir sind ganz da. Sprechen wir mit dem Mund des Herzens, so gelingt es uns, verschlossene Herzenstüren – notabene auch unsere eigenen – zu öffnen. Es fallen uns die richtigen Worte zu, die nicht verletzen noch verurteilen, sondern heilen, herausfordernd fördern und erfreuen. Denken wir mit dem Gehirn des Herzens, so gelingt es uns leichter, die logisch rationalen Pfade zu verlassen und ziellos-zielorientiert in unserem Leben voranzugehen und die täglichen Aufgaben zu meistern.[36]

Menschen, die sich um die Entfaltung der Herzenssinne kümmern, werden nicht verschont von Schmerz und Schuld, Enge und Traurigkeit. Sie erfahren jedoch, dass der Weg des Herzens, auch wenn er durch Wüsten – durch Phasen der Freud- und Sinnlosigkeit – führt, immer ein Weg zur inneren, nie versiegenden Quelle der Lebendigkeit und Stille, der Dankbarkeit und des Glücks ist. Mit stetiger Übung weitet sich der Lebensradius. Die Fähigkeit wird lebendig und wächst, Mitgefühl auch für Menschen, die ihnen persönlich nicht nahestehen, zu empfinden, sich für die leidende Kreatur zu engagieren und ein Gespür für die Erde und das Universum zu entwickeln. In diese Richtung deutete Teilhard de Chardin die Weiterentwicklung des menschlichen Potenzials im 21. Jahrhundert.

Der Sinn für die Erde und die Menschheit: Teilhard de Chardin

Teilhard de Chardin, Wissenschaftler und Mystiker zugleich, erforschte als Paläontologe die Ursprünge der Menschheit. Als Mystiker bewegten ihn die Fragen nach Anfang und Ziel der evolutiven Geschichte des Universums und insbesondere nach der Stellung des Menschen in diesem kosmischen Werdeprozess. Als Wissenschaftler suchte er nach dem »Missing Link« zwischen Tierwelt und Mensch.

Seine These lautet – und er ist damit nicht allein: Die ganze Entwicklung des Universums ist auf den Menschen ausgerichtet. Das Universum »arbeitete« 15 Milliarden Jahre, um den Menschen hervorzubringen. Erst entwickelte sich über Milliarden von Jahren die Materie; später entstand auf unserem Planeten die Biosphäre mit den Pflanzen und Tieren. Endlich – vor ungefähr vier Millionen Jahren – begannen die ersten Menschen die Erde zu bevölkern. Mit dem Menschen brachte die Evolution ein Wesen hervor, in dem der Geist zu sich selbst erwacht ist. Für Teilhard gibt es aber bereits in der Phase der Entwicklung der Materie eine Form des elementaren Bewusstseins. Auch die Materie hat ein bestimmtes »Wissen« beispielsweise darüber, wie ihre atomaren Bestandteile zusammenpassen oder eben nicht. Das Bewusstsein der Biosphäre bezeichnet Teilhard als vital. Pflanzen und Tieren ist eine bestimmte Erkenntnisweise eigen. So entwickelten die Pflanzen in einer ökologischen Krisensituation die Photosynthese mit dem »Nebenprodukt« des Sauerstoffs, ein für den Menschen lebensnotwendiges Element. Die höheren Primaten kennen sogar die Möglichkeit des Lernens. Mit dem Auftauchen des Menschen schließlich gewann das Bewusstsein nochmals eine neue Dimension und damit größere, weitreichendere Möglichkeiten. Es wurde selbstreflexiv, d.h. im Menschen denkt das Universum sozusagen über sich selbst nach. Fatalerweise wurde die logisch-rationale Fähigkeit zur Selbstreflexion in den vergangenen Jahrhunderten in unserem Kulturraum über die früheren Formen des Bewusstseins gestellt. Die Einseitigkeit zeigt Konsequenzen. Der Absturz droht: Überheblichkeit und Arroganz kann das Überleben der Menschheit kosten.

Das Wissen um diese Gefahr verbreitet sich täglich. Deshalb ist es nicht verwunderlich, dass sich Unbehagen und Widerstand gegen die These regt, der Mensch verkörpere die Spitze der Evolution. Stimmen mehren sich, die in ihm vielmehr den Verderber und Zerstörer des Wunders des Lebens auf unserem Planeten sehen. Demgegenüber stehen Fakten und Daten der Forschung: Ohne die Feinabstimmung der verschiedenen Prozesse im jungen Universum, ohne die Entstehung des Mondes, dem wir die gegenwärtige Klimastabilität verdanken[37] , ohne die Entdeckung der Sexualität im Tierreich – solche erstaunliche Gesetzmäßigkeiten finden sich in reicher Zahl in der evolutiven Geschichte des Universums – hätte der Mensch nie entstehen können.

Die evolutive Perspektive ermutigt und ermahnt Menschen, die heute Verantwortung tragen wollen. Denn: Jeder Mensch ist ein einmaliger Ausdruck des Universums. Er entscheidet mit, wie die Evolution auf unserem Planeten weiter vorangeht.

Viele der Schriften von Teilhard kreisen um das Thema, wie wir heute dieser Stellung gerecht werden können. Nach Teilhard geht es zunächst einmal darum, in das Selbstbewusstsein hineinzuwachsen, dass wir nicht nur Geschöpf, sondern auch Mitgestalter des evolutiven Prozesses sind. Mir scheint, dass die in jüngster Zeit dramatisch zunehmenden Umweltkatastrophen den Menschen auch in dieser Hinsicht die Augen öffnen. Die Ursachen der ökologischen Krise sind mehrheitlich von Menschen verursacht. Durch die Ausbeutung und Zerstörung der Erde, durch die Verschmutzung des Wassers und der Atmosphäre gefährden wir das ökologische Gleichgewicht. Es ist nicht mehr zu übersehen: Wir tragen Verantwortung für die Entwicklung von Erde und Menschheit! Viele überfällt in diesem Zusammenhang ein Gefühl der Ohnmacht. Das ist bis zu einem gewissen Grad verständlich, denn als Einzelne können wir kaum etwas bewegen. Unsere Anstrengungen verpuffen wie ein Tropfen auf einem heißen Stein. Dies ist eine mögliche Perspektive. Eine andere erkennt den Tropfen als substanziellen Teil des weiten Meeres, denn es besteht letztendlich aus nichts anderem als unzähligen Wassertropfen.

Auch wenn Teilhard viele Schwierigkeiten in der sich globalisierenden Welt vorhergesehen hat, wurde er nicht müde, uns an die Aufgabe und Berufung zu erinnern, als auserwählte Werdewesen die Evolution voranzubringen und ihr zu dienen. In der fortschreitenden Entwicklung der Menschheit war für ihn die Beziehung zwischen Mann und Frau von zentraler Bedeutung, insbesondere ihr Umgang mit der Sexualität. Bis in die Mitte des letzten Jahrhunderts diente sie mehrheitlich der Arterhaltung. Heute ist der Planet »voll«. Die Grenze des Wachstums ist längst erreicht. Viele sehen in der Überbevölkerung die wahren Ursachen der globalen Probleme.

In der von der Fortpflanzung befreiten Liebe zwischen den Geschlechtern liegt nach Teilhard ein großes Potenzial brach. Gelingt es uns, diesen Schatz zu heben, so werden Menschen – wiederum nach Teilhard de Chardin – zum zweiten Mal das Feuer auf der Erde entdecken. Trotz skandalöser

Nachrichten über pervertierte Sexualität, wächst im Verborgenen ein Wissen um das Feuer der Liebe, deren Zentrum nicht mehr im genitalen Bereich liegt, sondern in der Tiefe des Herzens ruht, und deren Sinneslust und Freude eher zu- als abnimmt. Teilhard nennt diese Entwicklung die Entfaltung des geschlechtlichen Sinnes. Poetisch fährt er fort: *»Durch die Liebe des Mannes und der Frau wird eine Faser geflochten, die geradewegs ins Herz der Welt weitergeht.«* Die personale Liebe zwischen Frau und Mann ist sozusagen die Basis für die Entfaltung weiterer Sinne, nämlich den Sinn für die Menschheit, den Sinn für die Erde und den Sinn für den Kosmos. Die in dieser Liebe gewonnene Freiheit und Verbundenheit bewahrt den Menschen davor, die wachsende Machtfülle destruktiv zu nutzen; sie befähigt uns vielmehr, die Macht in den Dienst des Lebens zu stellen. Menschen werden demzufolge beginnen, die Menschheit als einen liebenswürdigen Organismus wahrzunehmen. Stellen Sie sich vor: Sie werden Mitgefühl und Zärtlichkeit für diesen großen Menschheitskörper empfinden.

Diese Entwicklung ist für Teilhard von entscheidender Bedeutung. Denn entweder lernen wir über alle Grenzen hinweg, uns gegenseitig zu lieben oder wir gehen miteinander zugrunde. Im Zeitalter der Massenvernichtungswaffen und der immer bedrohlicher werdenden ökologischen Weltlage beginnen immer mehr Menschen den Raum, für den sie sich verantwortlich fühlen, auszuweiten.

In den Kursen und Zen-Seminaren berichten häufiger als vor einigen Jahren Teilnehmende, dass die Erde zu ihnen spricht. Sie spüren ihre Atemnot, das Leiden an der Ausbeutung der Ressourcen, ihren Schmerzkörper. Bäume, Pflanzen und Berge bleiben nicht länger stumm. Wie in alten Zeiten beginnen sie zu reden. (Siehe dazu die Übung auf S. 111.)

Die zentrale Botschaft der Erde scheint zu sein, dass sie erkannt und vom Menschen geliebt sein möchte. Genauso ist es mit dem Universum. Die Affinität zum All scheint ebenso alt zu sein wie der Ursprung des Denkens. Mit der Möglichkeit zur Reflexion begannen bereits die frühen Menschen, den Sternenhimmel staunend zu erforschen.

Nach Teilhard würde heute das Vorwärtsgehen von der Spitze einer Stange heißen:

- ✨ sich in tiefe, personale Beziehungen einlassen;
- ✨ ein Gespür für den Körper der Menschheit entwickeln und ihn lieben lernen;
- ✨ eine innere Verbindung mit der Erde und dem Kosmos aufnehmen.

Lassen wir uns auf dieses Programm ein, so kann sich unser ganzes Leben verändern.

Ethik der globalen Verantwortung

Zum Abschluss möchte ich nochmals auf das Lassalle-Institut-Modell hinweisen. In den dritten drei Elementen des Modells geht es um das zukunftsoffene und zukunftsverträgliche Handeln auf der persönlichen, institutionellen und globalen Ebene. Viele nationale und internationale Institutionen und Unternehmen haben sich die Förderung der nachhaltigen Entwicklung zum Ziel gesetzt. Dabei höre ich in Gesprächen mit Entscheidungsträgern oft die Sorge, ob ihr Handeln ausreiche und die Programme wirksam genug seien.

Botschaften der Erde

In einem internationalen Peace Camp habe ich vor Jahren die jungen Teilnehmenden beim Einbruch der Dunkelheit eingeladen, sich auf die Wiese zu legen und die Arme auszustrecken, als würden sie die Erde umarmen.

Dazu gab ich ihnen folgende Impulse:

- Versuchen Sie ruhig und still zu werden.
- Nehmen Sie den Atemrhythmus wahr.
- Spüren Sie, wie Sie mit Ihrem Körper auf dem Boden aufliegen. Über Ihnen wölbt sich das Band der Milchstraße von einem Horizont zum anderen.
- Versuchen Sie sich vorzustellen und zu erleben, dass die Erde – und Sie mit ihr – in dieser Galaxie treiben und auch diese im großen Körper des Universums sich immerzu, wie in einem kosmischen Tanz, fortbewegt.
- Schließen Sie nach einer gewissen Zeit die Augen und lassen Sie diese Erfahrung in Ihren Körper einsinken. Nun fragen Sie die Erde, was sie sich von uns wünscht.

Viele, auch junge Männer, haben sich beim Aufstehen Tränen aus den Augen gewischt.

Durch die Praxis des Zen kann diese Unsicherheit überwunden und zur Triebfeder des Handelns werden: Wenn wir aus der Illusion der Getrenntheit erwachen, erkennen wir, dass unser Handeln, mögen wir es in unserem Denken noch so sehr in nationale oder Schrebergarten-Grenzen einschließen, alle Ebenen beeinflusst. Aus dieser umfassenden Sicht werden wir fähig, effektiv nachhaltige Programme zu entwickeln.

Es ist denn auch nicht von ungefähr, dass die Ethikposition des Lassalle-Instituts auf der Weltsicht der Zen-Spiritualität basiert:

>>Ethik ist eine Kultur der Werte, die auf folgender Erfahrung basiert: Alles Leben ist miteinander verbunden und voneinander abhängig. Ethisches Verhalten beinhaltet: achtsames Wahrnehmen des Lebens in all seinen Formen, kluges Urteilen und nachhaltiges Handeln. Ethische Entscheidungen dienen dem Wohl der nationalen und globalen Gemeinschaft sowie Erde und Kosmos. Sie sind dialogisch erarbeitet, situationsbezogen und zukunftsverträglich.<<[39]*

Je mehr es uns gelingt, in die Haltung des achtsamen Wahrnehmens des Lebens hineinzuwachsen, umso eher bleiben wir in stürmischen Zeiten von jeder Hektik bewahrt und von Stresssymptomen verschont.

>>Vorwärtsgehen<< aus der Perspektive des Zen heißt ganz einfach, in Verbundenheit mit Menschen, Erde und Kosmos dem Leben dienen. Aus dieser Verbundenheit erkennen wir in jedem Moment mit innerer Gewissheit, was jetzt ansteht und zu tun ist.

Der Weg entsteht im Gehen

Fragen zur Standortbestimmung

Die Fragen regen an, Thesen von Ken Wilber und Teilhard de Chardin im eigenen Leben zu überprüfen und sich so von den großen Gestalten der heutigen Zeit inspirieren zu lassen.

Die vier Quadranten am Arbeitsplatz oder in Ihrem Leben

- Wie viel Ressourcen beispielsweise an Zeit und Geld wenden Sie für die Förderung einzelner Aspekte aus den vier Quadranten von Ken Wilber auf? Wie viele Prozente fallen auf die verschiedenen Bereiche: Selbstkompetenz, soziokulturelle Kompetenz, fachliche Kompetenz, strukturelle Kompetenz?
- Welche Aspekte gedenken Sie in der nächsten Zeit zu fördern, damit Ihr Leben und Ihre Arbeitssituation in ein gesundes Gleichgewicht kommen oder bleiben?

Der Sinn für die Erde und die Menschheit

- Was nehmen Sie wahr, wenn Sie sich – mindestens versuchsweise – die Erde als lebendigen Organismus vorstellen? Was empfinden Sie, wenn Sie sich für die Menschheit als großen Körper (Makanthropos) öffnen? Was könnte im Blick auf die Erde und die Menschheit heute bedeuten: »Nicht gegen den Fehler kämpfen, sondern für das Fehlende da sein?« Mit anderen Worten: »Was braucht die Erde und die Menschheit und was können Sie tun?«

Übungen

Folgende Übungen unterstützen Sie darin, Glück und Freude in Ihrem Leben zu finden und zu stärken.

Die Sinne des Herzens entfalten

Stellen Sie sich Ihr Herz mit den verschiedenen Organen vor. Lassen Sie sich Zeit, bis ein klares Bild dazu entsteht.
Üben Sie:

- mit den Augen des Herzens zu sehen: Gehen Sie in Ihrer Vorstellung beispielsweise in der rush hour über einen Bahnhofsplatz.
- mit den Ohren des Herzens zu hören: Diese Haltung zeigt große Wirkungen, insbesondere in hektischen oder konfliktreichen Gesprächen.
- mit dem Herzen zu denken: Diese Denk-Weise schenkt Inspiration und schließt uns an ein Wissen an, das nicht in Büchern nachzulesen ist.
- mit dem Mund des Herzens zu sprechen: Diese Fähigkeit besitzen wahrhaft weise Menschen.

Ein Lächeln pflanzen

Erinnern Sie sich an eine geglückte oder glückliche Situation in Ihrem Leben. Lassen Sie dieses Erlebnis ganz konkret vor Ihrem inneren Auge entstehen. Nehmen Sie die Atmosphäre wahr, tauchen Sie ein in diese glückliche Erfahrung.

- Lächeln Sie in Verbindung mit dieser Erinnerung einem Menschen zu, den Sie gerne haben und mit dem Sie gerne zusammen sind.
- Lächeln Sie im Kontakt mit dieser Erinnerung einem Menschen zu, mit dem Sie sich zurzeit schwertun oder mit dem Sie im Konflikt stehen.
- Gehen Sie mit der inneren Haltung eines glücklichen Lächelns in eine schwierige oder konfliktgeladene Situation hinein.
- Werden Sie erfinderisch, wem Sie noch alles zulächeln möchten, zum Beispiel fremden Menschen auf der Straße.

Nehmen Sie wahr, was in Ihnen vorgeht. Achten Sie darauf, wie die Umgebung auf Sie reagiert. Ein herzhaftes Lächeln wirkt Wunder.

Hinweise
zum Zen

In diesem Buch ist beinahe auf jeder Seite die Rede von Zen. Deshalb sollen auf den folgenden Seiten – besonders für die weniger geübten unter den Leserinnen und Lesern, gleichsam als verlängerte Anmerkung – einige Worte zur Geschichte des Zen, zur Zen-Praxis und deren Auswirkungen in den Alltag angefügt werden.

Was ist Zen?

Wie traurig, dass die Menschen das Nahe nicht achten
und die Wahrheit in der Ferne suchen.
Wie einer, der mitten im Wasser aufschreit vor Durst,
wie ein Kind aus wohlhabendem Hause,
das umherirrt unter den Armen.[40]

Was Meister Hakuin Zenji (1686–1769), ein bedeutender japanischer Zen-Meister, in dieser Strophe aus seinem Lied auf Zazen mit einfachen Bildern ausdrückt, ist von großer Aktualität. Der Weg, dem trostlosen Zustand von Verlorenheit, Angst, Orientierungslosigkeit und Verblendung zu entkommen, heißt für ihn Zazen. Zazen oder Sitz-Meditation ist ein traditionsreicher Weg nach innen mit dem Ziel, die Wahrheit über uns selbst, unser ursprüngliches wahres Wesen zu erfahren, um in großer Freiheit zu leben und tätig zu sein. Die Praxis des Zen lässt uns erkennen, wer wir wirklich sind, indem sie uns hilft, den grenzenlosen Innenraum unseres Menschseins auszuloten. Der Weg im Zen vollendet sich jedoch nicht im genießenden Verweilen in einer abgehobenen, träumerischen, seligen Innerlichkeit, sondern auf dem Marktplatz – in der Umsetzung der gemachten Erfahrungen und Erkenntnisse im ganz gewöhnlichen Alltag.

Im Buddhismus beheimatet und vom legendären Bodhidharma[41] im 6. Jahrhundert in China gegründet, steht Zen für alle offen, ohne Unterschied des religiösen oder weltanschaulichen Hintergrunds, da Lehre und Praxis nicht in dogmatischen Schriften festgehalten werden. Die universelle Wahrheit liegt in uns selbst. Sie offenbart sich allein in der unmittelbaren Erfahrung jedes einzelnen Menschen und wird deshalb seit Generationen vom Meister zum Schüler außerhalb jeder doktrinären Lehre übermittelt. Absolute Freiheit ist das Ziel. So schrieb beispielsweise Mumon in der Einführung zu seiner inzwischen zum Klassiker gewordenen Koan-Sammlung *Mumonkan*: *»Der große WEG ist ohne Tor ... Wer einmal diese (torlose) Schranke durchschritt, spaziert in Freiheit im Weltall umher.«*[42]

Die Zen-Philosophie und Praxis erfuhr in ihrer langen, wechselvollen Geschichte in China wie in Japan Zeiten des Aufstiegs und der Fülle wie auch des Niedergangs. Heute findet Zen im Westen immer mehr Anklang, während es in Japan zunehmend an Bedeutung verliert. Es scheint sich eine neue Blütezeit abzuzeichnen, die notwendigerweise mit einer erneuten kulturellen Adaption einhergeht. Traditionalisten, die das vor Jahrhunderten als gültig und wahr Anerkannte bewahren möchten, und Meister, die im Gehorsam nach vorn neue Schritte wagen, stehen heute zum Teil in heftigen Auseinandersetzungen.

Trotz der wechselvollen Geschichte jedoch blieb und bleibt die Grundübung immer gleich einfach und auf das Wesentliche ausgerichtet. Die Praktizierenden werden angehalten, in einer geraden, aufrechten Haltung mit übergeschlagenen Beinen auf einem Meditationskissen unbeweglich und mit offenen Augen zu sitzen. Diese Haltung kann durchaus zur körperlichen Herausforderung werden. Eine Hochleistungs-Sportlerin im Triathlon meinte einmal, dass Menschen, die eine intensive Woche der Zen-Praxis durchstehen bzw. durchsitzen, auch fähig seien, einen Wettkampf in ihrer Disziplin zu bestreiten. Melden sich körperliche Schmerzen, heißt es nämlich stillsitzen, sich nicht bewegen und ruhig atmen, bis die Zeit der Meditationseinheit abgelaufen ist.

Atem ist der Weg

Die Übung des Zen besteht – zumindest für Anfänger – in der »Arbeit« mit dem Atem, bis wir eins werden mit dem Atemrhythmus, eins werden mit dem Atem selbst. Wer Zazen einmal versucht, erkennt sehr bald, wie schwer die schlichte Übung ist. Der ungeübte und ungezähmte Geist ist voll von flüchtigen Gedanken. Sie tragen uns hierhin und dorthin, von einem Ende der Erde bis zum anderen. Sie kommentieren unablässig unser Tun und Lassen. Es scheint, als würden wir in einem Gedankenkarussell sitzen, das nicht zur Ruhe kommt, wie sehr wir uns auch darum bemühen. Die Sache ist noch weniger erfreulich, wenn wir erkennen, dass die meisten der Gedanken unproduktiv immer um dasselbe Thema kreisen: die unerledigte Aufgabe, der Ärger mit den Vorgesetzten, eine wichtige Entscheidung, die Unzufriedenheit mit sich selbst oder auch das hoffnungsvolle Planen der Zukunft.

Die einfache Übung der Achtsamkeit im Atmen ist ein wirkungsvolles

Mittel, den unsteten Geist zu sammeln. In einer der frühesten praktischen Anleitungen zur Zen-Meditation heißt es:

»Wenn du zuerst die Sitzmeditation zazen *zu praktizieren und den Geist zu schauen beginnst, geh weg und sitz an einem ruhigen Platz! Richte deinen Körper aufrecht, lockere deine Kleider und löse deinen Gürtel! ... Wenn Körper und Geist in Harmonie sind, ist der Geist in Frieden ... Der innere Atem ist klar und kühl. Langsam, langsam sammle den Geist ...«*[43]

Koan – eine paradoxe Geschichte

Neben dem einfachen Sitzen und der Arbeit mit dem Atem, dem Verweilen in einem Zustand gedankenfreier, hellwacher Aufmerksamkeit kennt die Rinzai-Schule, eine besondere Richtung im Zen, die Arbeit mit einem Koan. Einige Koan handeln von Begegnungen zwischen Zen-Meistern, meist in Form von zum Teil deftigen Streitgesprächen. Andere dokumentieren einen Dialog zwischen Meister und Schüler oder beschreiben eine Episode aus dem Leben eines alten Meisters. Auch kurze Lehrreden gehören dazu. Im Laufe der Jahrhunderte wurden diese Geschichten von berühmten Meistern in ebenso berühmten Sammlungen festgehalten.

Koan sind wohl die außergewöhnlichsten Mittel geistiger Schulung, die im Rahmen des Zen-Buddhismus entwickelt wurden. Sie können mit begrifflichem Denken und rationalem Verstand nicht erfasst werden, denn das Wesentliche, der Kern jeder Geschichte, liegt im Paradox. Die Aufgabe lässt sich erst jenseits von logischen Abläufen und dualistischen Konzepten gleichsam nur durch das Loslassen der Ratio in einem beherzten, furcht-losen Sprung auf eine andere Ebene des Erkennens und Begreifens lösen.

Zen-Übende werden dabei ermutigt, eins zu werden mit der Geschichte. Mumon, ein weiser alter Meister mit großem pädagogischem Geschick, hielt seine Schüler an, das Koan wie eine glühend rote Kugel regelrecht zu verschlucken. Im Kommentar zum wohl berühmtesten Koan: »Hat ein Hund Buddhanatur? (eine Frage, die in der Geschichte weder bejaht noch verneint, sondern mit dem inhaltslosen »MU« beantwortet wird) hält Mumon fest:

> *»Nach geraumer Zeit solchen Übens wird Mu zur Reife kommen und Innen und Außen werden auf natürliche Weise eins sein ... Plötzlich wird Mu aufbrechen, den Himmel in Erstaunen setzen und die Erde erschüttern.«*[44]

In der Erfahrung der Einheit, ausgelöst durch die Arbeit mit »Mu«, öffnet sich das Tor für die Leere und Unendlichkeit aller Wirklichkeit. Wir sind nicht getrennt, denn unser wahres Wesen zeigt sich in Einheit mit der Essenz des Universums. Dieses Erleben wird im Zen die große Erfahrung genannt. Sie ist für alle Menschen offen, unabhängig von Weltanschauung, Intelligenz oder Hierarchiestufe. Seit Jahrtausenden bezeugt, hat sie heute, im Zeitalter der Globalisierung, vielleicht wie noch nie in der Menschheitsgeschichte wegweisenden Charakter. Sie hilft aus verfahrenen Situationen, ausgedienten Denkmustern, eröffnet neue Perspektiven und lenkt den Blick auf das, was wirklich wesentlich ist.

Wirkungen des Zen

Unabhängig davon, ob jemand zum Beispiel durch die Arbeit mit einem Koan zu einer Einheitserfahrung kommt, fördert Zazen auch Qualitäten, die insbesondere Menschen, die Verantwortung tragen wollen, zugute kommen. Bereits nach einer kurzen Übungszeit können sich im Alltag Auswirkungen zeigen wie wachsende Disziplin oder gesammelte Konzentration und Achtsamkeit im täglichen Tun und Wirken.

DISZIPLIN: An Zen-Übungstagen, mit mehreren Stunden Meditation, haben die Teilnehmenden immer pünktlich zu den Meditationseinheiten zu erscheinen. Das Ritual im Meditationsraum ist klar, entschieden und gleichbleibend. Nach Beginn der Meditation darf man sich nicht mehr bewegen. Diese Forderung klingt nach militärischem Drill, ist es jedoch nicht. Disziplin im Sinne des Zen führt dann zur Meisterschaft, wenn die Disziplinierung liebevoll geschieht und Strenge mit Güte gepaart wird. Erfolgreiche Menschen kommen nicht darum herum, ein diszipliniertes Leben zu führen, was nicht heißt, dass damit Lebensqualität verloren geht und das Genießen abgeschrieben werden muss. Im Gegenteil: Zen fördert eine Disziplin, in der Leichtigkeit und Freude am Leben spürbar bleiben.

KONZENTRATION: Zen ist wesentlich eine Konzentration des Geistes, eine Meditation ohne Gedanken und Bilder. Die Übung bedeutet – wie bereits erwähnt – stillsitzen und auftauchende Gedanken, Gefühle und Bilder wie Wolken in einem Sommerhimmel vorbeiziehen zu lassen. Gelingt es uns, so beim Atem zu sein, dann stellt sich innere Ruhe natürlicherweise ein. Der Blick klärt sich und wird auf das Wesentliche gelenkt. Ein gesammeltes und effektives Arbeiten lebt von der Konzentration auf die konkrete Aufgabe. Die Übung des Zen zeigt uns immer wieder deutlich und ungeschminkt, wie häufig wir zerstreut sind, wie unsere Gedanken zügellos umherschweifen, sozusagen abwandern und wir nicht über sie verfügen. Da wir uns meistens unbewusst mit unseren Gedanken identifizieren, beeinflussen sie zudem unsere Stimmungen nicht unwesentlich.

Die disziplinierte Praxis des Zen fördert die innere Sammlung aller Kräfte: das Denken, die Gefühle und auch der Wille werden vereinigt in unserer Mitte, im inneren Grund. Da die Zen-Meditation gegenstandslos und bildlos ist, werden wir frei von Konzepten und Theorien und dadurch fähig, unmittelbar mit allem, was ist, in Berührung zu kommen, sei es leid- oder freudvoll, hässlich oder schön.

ACHTSAMKEIT: Konzentration zeigt sich auch in der Achtsamkeit. Sie macht die Kraft und die Kostbarkeit des gegenwärtigen Augenblicks erfahrbar und befähigt gleichzeitig zur geistigen Weite und Offenheit. Die einzige Zeit, die uns zur Verfügung steht, ist das Jetzt. Unser Körper lebt immer in dieser Jetzt-Zeit. Mit unseren Gedanken sind wir jedoch meistens mit der Vergangenheit oder der Zukunft beschäftigt. Bleiben wir in diesen Gedanken und inneren Reden hängen, so schlüpft uns das Leben sozusagen durch die Finger. Eine ehrliche und ungeschminkte Analyse unserer Gedanken macht zudem deutlich, dass diese Beschäftigungen im Verhältnis zum »Zeitaufwand« wenig Effizienz aufweisen. Die Übung des Zen kann in dieser Hinsicht eine große Hilfe sein. Sie befähigt, immer mehr auch geistig in der Gegenwart zu leben und kraftvoll präsent zu sein.

Sind Körper und Geist im Jetzt vereint, so steht das Tor zur Ewigkeit offen. Dort atmet Zeitfreiheit, die in hektischen und fordernden Zeiten zum Anker wird. Menschen, die dies erfahren und leben, strahlen Ruhe aus, auch wenn die Wellen hochgehen. Sie bleiben fähig, sich auch im Sturm auf das Wesentliche zu konzentrieren und in Teams Maßnahmen einzuleiten, die das Tempo auf ein menschliches Maß reduzieren helfen.

Selbstbegegnung: Bei fortgesetzter Übung bewirkt Zen eine radikale Form der Selbstbegegnung. Der Alltag vieler Menschen gibt kaum Raum für Ich-Zeiten, also für Zeiten, in denen wir uns mit den wesentlichen Fragen unseres Lebens beschäftigen und das eigene Leben überdenken: »Wie geht es mir denn wirklich, wenn ich den äußeren Panzer ablege und mein gutes Funktionieren einmal sein lasse? Wie steht es um meine mir wichtigen Beziehungen? Sind sie immer noch verheißungsvoll und inspirierend? Was ist meine Aufgabe und Bestimmung im Leben? Warum bin ich hier? Was ist wesentlich, wirklich wichtig in meinem Leben? Wohin führt mein Weg?« Menschen, die sich auf den Weg des Zen einlassen, werden mit solchen Fragen konfrontiert. Existenziellen Fragen ist es eigen, Türen zum inneren Reichtum zu öffnen. Sie tun dies, wenn wir uns nicht mit vorschnellen Antworten begnügen, sondern uns in diese Fragen hineinbegeben und mit einer gewissen Geduld und Stetigkeit mit ihnen zu leben beginnen – gleichsam mit ihnen schwangergehen. Diese Form der Schwangerschaft ist nicht das Vorrecht von Frauen, auch Männer sind dazu fähig!

Die Wirkungen des Zen machen noch einmal deutlich, was es heißt, Verantwortung zu tragen und auch im Auf und Ab des Lebens nicht nur Ruhe zu bewahren, sondern aus innerer Ruhe zu leben und zu wirken.

Anmerkungen

1   In Bernie Glassman, *Zeugnis ablegen* (Berlin, Theseus 1998)
2   Vgl. dazu Niklaus Brantschen, *Das Viele und das Eine* (München, Kösel 2007), S. 119f
3   Vgl. dazu Anselm Grün, *Die hohe Kunst des Älterwerdens* (Münsterschwarzach, Vier-Türme 2007), S. 18ff
4   Der Begriff *Koan* wird im Anhang näher erläutert.
5   Meister Hakuin, *Authentisches Zen* (Frankfurt am Main, Fischer), S. 17f
6   Lies Groening, *Die lautlose Stimme der einen Hand* (Düsseldorf und Wien, Econ 1983), S. 51ff
7   Peter Russel, *Die erwachende Erde* (München, Heyne 1984), S. 165
8   Bruno Binggeli, *Primum Mobile* (Zürich, Ammann 2006), S. 149
9   Jean Gebser, *Gesamtausgabe Band II* (Schaffhausen, Novalis 1987), S. 83
10 siehe dazu: Hugo M. Enomiya-Lassalle, *Am Morgen einer besseren Welt* (Freiburg, Basel, Wien, Herder 1984)
11 Robert Aitken, *The Gateless Barrier* (San Francisco, North Point Press 1990), S. 55
12 Koun Yamada, *Mumonkan* (München, Kösel 1989), S. 62f
13 Brian Swimme, *Das verborgene Herz des Kosmos* (München, Claudius 1997), S. 125
14 Koun Yamada, a.a.o. S. 63
15 Brian Swimme, a.a.o. S. 100
16 Hans-Peter Dürr, *Auch die Wissenschaft spricht nur in Gleichnissen* (Freiburg, Basel, Wien, Herder spektrum 2004), S. 32f
17 Heinrich Dumoulin, *Zen im 20. Jahrhundert* (München, Kösel 1990), S. 98f
18 Pia Gyger, *Hört die Stimme des Herzens* (München, Kösel 2006), S. 52ff
19 In: *Lexikon der östlichen Weisheitslehren* (Bern, München, Wien, Scherz 2001), S. 51f
20 Koun Yamada, a.a.o. S. 125
21 Carl Gustav Jung, *Gesammelte Werke XI* (Zürich und Stuttgart, Rascher & Co. 1963), S. 91
22 Pia Gyger, *a.a.o.* S. 120ff
23 Pia Gyger, *a.a.o.* S. 127
24 In Koun Yamada a.a.o. S. 83
25 Vgl. dazu Niklaus Brantschen, *Vom Vorteil, gut zu sein. Mehr Tugend, weniger Moral* (München, Kösel ³2007), S. 25
26 Masaru Emoto, *The Message from Water* (Tokyo, HADO 1999)
27 Erwin Laszlo, *Kosmische Intelligenz* (Frankfurt am Main und Leipzig, Insel), S. 283f
28 Vgl. dazu Margarete Friebe, *Das Omega-Training* (Zürich, Oesch 1987), S. 49ff
29 Vgl. dazu Niklaus Brantschen, *Weg der Stille* (Freiburg im Breisgau, Herder 2004), S. 28ff

30 Vgl. dazu Koun Yamada, a.a.o. S. 225
31 Vgl. dazu Robert Aitken, *Zen als Lebenspraxis* (München, Diederichs 1991), S. 89ff
32 Vgl. dazu Hans Küng, *Ja zum Weltethos* (München, Zürich, Pieper 1995), S. 40ff
33 Vgl. dazu Lehrgang «GEIST&Leadership»® mit möglichem eMBA - Abschluss, www.lassalle-institut.org
34 Koun Yamada, a.a.o. S. 243
35 Vgl. dazu Ken Wilber, *Eine kurze Geschichte des Kosmos* (Frankfurt a. Main, Fischer 1997)
36 Vgl. dazu Maruscha Magyarosy, *Intelligenz des Herzens durch die Fünf »Tibeter«* (Bern, München, Wien, Scherz 1997), S. 153
37 Vgl. dazu Peter W. Ward, Donald Browulee, *Unsere einsame Erde* (Berlin, Heidelberg, Springer 2001), S. 276
38 Teilhard de Chardin, *Die Menschliche Energie* (Olten und Freiburg im Breisgau, Walter 1996), S. 103
39 Anna Gamma, Jörg Eugster, Regula Grünenfelder, *Ethik 2006* (Zürich, NZZ 2006), S. 45
40 In Shodo Harda Roshi, *Der Weg zu Bodhidharma* (Frankfurt, Ankor 2003), S. 68
41 Vgl. dazu Heinrich Dumoulin, *Zen im 20. Jahrhundert* (München, Kösel 1990), S. 92ff
42 Koun Yamada, a.a.o. S. 24
43 Zitiert bei Dumoulin, a.a.o. S. 100
44 In Koun Yamada, a.a.o. S. 29f

Literatur

Aitken, Robert, *The Gateless Barrier*; San Francisco (North Point Press) 1990

Aitken, Robert, *Zen als Lebenspraxis*; München (Diederichs) 1991

Binggeli, Bruno, *Primum Mobile*; Zürich (Ammann) 2006

Brantschen, Niklaus, *Weg der Stille*; Freiburg im Breisgau (Herder spektrum) 2004

Brantschen Niklaus, *Vom Vorteil, gut zu sein. Mehr Tugend, weniger Moral*; München (Kösel) 2007[3]

Brantschen, Niklaus, *Das Eine und das Viele*; München (Kösel) 2007

De Chardin, Teilhard, *Die Menschliche Energie*; Olten und Freiburg im Breisgau (Walter) 1966

Dumoulin, Heinrich, *Zen im 20. Jahrhundert*; München (Kösel) 1990

Dürr, Hans-Peter, *Auch die Wissenschaft spricht nur in Gleichnissen*; Freiburg, Basel, Wien (Herder spektrum) 2004

Emoto, Masaru, *The Message from Water*; Tokyo (HADO) 1999

Friebe, Margarete, *Das Omega Training*; Zürich (Oesch) 1987

Gamma Anna, Eugster Jörg, Grünenfelder Regula, *Ethik 2006*; Zürich (NZZ) 2006

Gebser, Jean, *Gesamtausgabe Band II*; Schaffhausen (Novalis) 1987

Glassman, Bernie, *Zeugnis ablegen*; Berlin (Theseus) 1998

Groening, Lies, *Die lautlose Stimme der einen Hand*; Düsseldorf und Wien (Econ) 1983

Grün Anselm, *Die hohe Kunst des Älterwerdens*; Münsterschwarzach (Vier-Türme) 2007

Gyger, Pia, *Hört die Stimme des Herzens*; München (Kösel) 2006

Jung, Carl Gustav, *Gesammelte Werke XI*; Zürich, Stuttgart (Rascher & Co.) 1963

Küng, Hans (Hg.), *Ja zum Weltethos*; München, Zürich (Piper) 1995

Lassalle, Hugo M. Enomiya, *Am Morgen einer besseren Welt*; Freiburg, Basel, Wien (Herder) 1984

Laszlo Erwin, *Kosmische Spiritualität*; Frankfurt am Main und Leipzig (Insel Taschenbuch) 1997

Lexikon der östlichen Weisheitslehren; Bern, München, Wien (Scherz) 2001

Magyarosy, Maruscha, *Die Intelligenz des Herzens durch die Fünf »Tibeter«*; Bern, München, Wien (Scherz) 1997

Meister Hakuin, *Authentisches Zen*; Frankfurt am Main (Spirit Fischer) 1997

Harada, Shodo, *Der Weg des Bodhidharma*; Frankfurt (Angkor) 2003

Russel, Peter, *Die erwachende Erde*; München (Heyne) 1984

Swimme, Brian, *Das verborgene Herz des Kosmos*; München (Claudius) 1997

Ward, Peter, D. und Browulee, Donald, *Unsere einsame Erde*; Berlin, Heidelberg (Springer) 2001

Wilber, Ken, *Eine kurze Geschichte des Kosmos*; Frankfurt am Main (Fischer) 1997

Yamada, Koun, *Die torlose Schranke Mumonkan*; München (Kösel) 1989

Ders., Hekiganroku, Die Niederschrift der blaugrünen Felswand; München (Kösel) 2002